矢板明夫、石平——著
鄭天恩——譯

曾經以為中國最幸福

私たちは中国が世界で
一番幸せな国だと思っていた

目次

第三章 日中蜜月期的八〇年代

第四章 人生的轉機、認同的克服

第五章　反日與愛國的源流

第八章 成長停滯的經濟悲劇

序言

傳遞真實，就是對中國最好的報答

二〇〇七年春天到二〇一六年底，大約十年的時間，我擔任《產經新聞》的特派員，派駐在北京。這段期間，我對許多歷史性的場面，包括西藏暴亂、四川大地震、北京奧運、習近平政權上台等，都做了採訪。

關於這些報導，我一直念茲在茲、希望盡可能將我在第一線的所見所聞，以冷靜、客觀的方式，傳達給日本的讀者。然而，讀者若是仔細留意我的報導，便會發現其中也有很多關於中國社會扭曲、共產黨官員胡作非為的內容。也因此，我屢屢被負責媒體審查的當局官員叫去，被他們厲聲抗議。

「你一直到十五歲都是在中國長大，難道沒有一點感恩之心嗎？」他們總是這樣教訓我。

這時候，我總會這樣回答：「將真實傳達給更多人，大家才會更相信中國。這就是我對中國的報答。」

「現在的中國，已經是高居世界第二位的經濟大國。然而，除了一部分特權階級以外，幾乎大多數的中國人，都無法享受幸福。」這是我以新聞記者身分派駐北京十年來，真真切切的感受。

不管是我的少年時代還是現在，中國始終維持著一黨獨裁，而為此飽受折磨、遭逢不幸的底層庶民更是不可勝數。在此僅舉一個案子為例：

我的朋友徐崇陽，是位出身湖北的男性；在中國號稱數萬到數十萬的陳情者（上訪者）中，他也是其中一員。二〇一四年，我在聚集於北京市郊外的上訪者集會中和他交談，從此就成了好朋友，也一起吃過幾次飯。

迄今為止，我採訪了相當多的上訪者。他們當中有土地被強制徵收的農民、也有家屬遭到警察殺害的勞工，幾乎都是沒受什麼高等教育的人，這些人既無法清楚說明自己的遭遇，也不懂法律。

但在這些人當中，徐崇陽堪稱異類。他的父親曾任大學校長，是前共產黨幹部，母親則是畫家。徐先生曾在解放軍擔任軍官，一九九〇年代則在湖北開了家運輸公司；透過親戚的關係，他的事業一瞬間擴展，短短幾年時間就擁有好幾家計程車公司，也經營餐廳，成為地方上數一數二的企業家。當他的事業擴展到最大規模時，光是他個人的資產總額就超過了一億人民幣（約日幣十六億圓）。

為了擴張事業版圖，徐先生與某位共產黨領導人的親戚所經營的企業攜手合作，沒想到卻成為他垮台的導火線。到最後，他被對方所騙，企業被奪走，自己也變得一文不名。

大約在二〇〇三年左右，徐先生來到北京，成為上訪者中的一員。他不斷敲打檢警的大門，執拗地想要取回財產，結果在二〇一一年被以「詐欺嫌疑犯」的罪名遭到逮捕，坐了整整十七個月的牢。

「當局把我和熟人間的金錢糾紛擴大解釋，安上了詐欺的罪名；這其實只是為了阻止我陳情，所扣在我頭上的不實指控啊！」如此主張的徐先生出獄後，便以逮捕和起訴的手續不完備為由提起訴訟，要求警方提出損害賠償並道歉。

在中國，控告警察的法律案件相當罕見，因此吸引了外國媒體的注意。某天，步出法院的徐先生，被自稱支持者的十幾名男女團團圍住，和他們一起拍了張紀念照。但是，這張紀念照其實是警方設下的陷阱——就在前排中央的徐先生沒有注意到，站在後排的好幾個人這時悄悄舉起「支持香港抗議」的標語。

這張照片成了證據，徐先生再度被捕入獄。在中國國內，凡有支持香港民主化示威抗議的言行都是違法行為，徐先生因此被認定為主犯之一。

警察當局誘騙徐先生的目的，當然是要他放棄對警察的訴訟。經過八個月的監禁後，徐先生答應了警方的要求，獲釋出獄。

大約一個月後的二〇一五年夏天，我在北京的南郊造訪了徐先生。僅僅不過一年的時間，但再見面時，徐先生的樣子讓我大吃一驚；他整個人變得憔悴不堪，身材整整縮水了一圈，臉上的表情也失去了活力，看起來像是整整老了十歲。他的右腳只能拖著行走，臉和手指甲都有瘀青的痕跡。據說，這是在接受偵訊的時候，遭到了警方施暴的結果。

這一天，我聽徐先生講了兩個小時。以前徐先生總是能夠思路清晰地陳述自己的主張，但這次說話卻斷斷續續、前言不對後語，還經常講到一半就突然哭了起來。我想，應該是拘留所的殘酷經歷讓他的精神狀況變得不穩定了吧！

「早知道有錢的時候就應該移民海外的……」徐先生好幾次這樣喃喃自語。離別之際，他給了我這樣的印象：「他明明沒有做出任何惡行，卻被打落地獄；在這個國家，不管有錢人或窮人，晚上都不能安穩成眠啊！」

之後，我就再也沒有見過徐先生了。據我們共同的朋友轉述，徐先生現在仍然在陳情，但是健康狀況相當不妙。

至今為止，我一直抱持著為徐先生這種遭受共產黨一黨獨裁政權所凌虐的中國人聲援的心情，來撰寫關於中國的報導；從今以後，我也會繼續一本初衷。

在這次的對談中，我和大前輩石平先生一起回顧在中國度過的青少年歲月，並針對現在習近平政權的走向自由暢談。儘管我們年齡有差距、生活地點也不一樣，但對中國的認識卻是英雄所見略同，因此大感暢快。我所有的批判都是針對共產黨一黨獨裁政權，目的是為了讓中國變得更好；關於這點，石平先生的動機也是跟我一樣的吧！

矢板明夫

第一章

黑暗的少年時代

在資訊管制下，就連親戚餓死也無從得知

石平▼在本書中，我會和身為日本遺孤第二代、在中國出生長大的矢板先生，就關於中國與日本的切身體驗，進行充分暢談。關於我們兩人在中國的生活，有很多現今日本人難以想像的地方，相信各位讀者看了一定會大感驚訝！另一方面，矢板先生剛好小我十歲，所以儘管同樣都有中國經驗，兩人的著眼點仍會有所不同。因此，這次能聆聽矢板先生的經驗，對我來說是相當愉快的事。

矢板▽我也是自從擔任新聞記者以來，就一直熱中於閱讀石平先生的著作。在海外，儘管嚴厲批判中國的評論家很多，被中國官方媒體指名道姓斥罵的人卻少之又少，而石平先生就剛好是其中的一位。簡單說，石平先生戳中了中國共產黨一黨獨裁政權的大痛腳。我作為新聞記者，也一直相當努力，希望多少能更接近石平先生的境地。今天的對談也拜託您了。

石平▼那麼，我們就趕快從自己的少年時代開始談起吧！

我出生在一九六二年，那時候，中國大多數人民都還深陷饑饉之中。在毛澤東的「大躍進」以失敗告終的幾年間，據推斷，中國有三千萬到四千萬的人民餓死。當時，即使我的父母在四川成都的大學任教，生活在城市的居民一樣吃不到肉類，只能獲得最低限度的糧食配給。

據母親所說，當她在城市裡生下我的時候，完全是處於營養不良的狀態。照理說，不管怎樣都該提供產婦充分的營養補給，但那時候所有物資都在共產黨管理之下，要從農村帶出物資，完全是被禁止的；就算想要吃個雞蛋，也無從弄到手。憂心忡忡的祖母於是心生一計：她將竹子的枝幹打通挖空，然後放進十個用土包覆的雞蛋，終於成功運進成都。要是母親沒有獲得營養補給，我的命運會如何，實在難以預料。那個時代就是這麼嚴酷。

恐怖的是，那時候中國共產黨的管控堪稱滴水不漏。正因如此，我的親戚就有好幾個人不幸餓死，而我們卻全然一無所知——

我父親在大學任教的同時，也是共產黨員，擔任大學部裡共產黨支部的副書記。雖然關於親戚餓死的事，我們是後來才聽聞，但是有位和我父親同樣出身四川的同事卻在學校不小心說溜了嘴，講出自己鄉下親戚餓死的事實。結果父親不得不對這位同事召開批判會，但在這背後，其實父親的親戚也有好幾人活活餓死。

到了一九六六年，也就是我四歲的時候，恐怖的文化大革命爆發了。

首相訪中，父親一夕從「間諜」變成「中國之友」

矢板▽我是在一九七二年、也就是文革最高潮時在天津出生的。我的父親是日本遺孤，正如「矢板」這個姓所示，家族來自櫪木縣的矢板市。

我的祖父在一九二六年從家鄉櫪木縣渡海來到中國北京，經營燈泡工廠。我父親出生於一九四二年，祖父則是在戰爭末期被日軍徵召，隨後被蘇聯俘虜到西伯利亞，在拘留中去世；戰爭結束時，我父親才三歲。倖存的祖母因為沒有工作，又要帶著父親和姑姑兩個幼小的孩子，擔心這樣下去恐怕全家都會餓死；在不得已之下，祖母只好把孩子和工廠託付給原本在那工作的中國職員，然後選擇再婚。

被託付給中國職員的父親之後再移居到天津市，由中國人撫養長大。我的母親原本也是中國人（後來取得日本國籍）；父母結婚後不久，便生下了哥哥和我兩個孩子。

我父親原本是天津的照相館攝影師，但是文革開始後卻遭到嚴厲批判，被說是日軍撤退後潛伏在中國的「間諜」。當然，父親在戰爭結束時才三歲，照理說不可能是間諜；但當時中國所有的照相館都是國營企業，他身為日本人，竟然能夠使用照相機這麼複雜的機械，因此眾人斷定，他一定是在竊取中國的國家機密。結果，我

7 歲時的矢板明夫（圖左）與哥哥合影。攝於天津。

3 歲時的矢板明夫。攝於天津。

父親丟了攝影師的工作，接下來的十年裡，只能靠著在澡堂幫人搓背來維生。

如此一來，家中的收入自然劇減。另一方面，我的母親雖然是高中老師，但在生下哥哥後，也陷入無法出外討生活的困境。結果，父親只好每三個月去賣一次血，好為家裡籌措生活費。不這樣做的話就無法糊口、也沒辦法活下去，當時就是這樣一個時代。

我們全家都用中國名字生活，日常講的也都是中國話，但還是免不了會受到異樣眼光：「不知為何這些日本人會生活在中國人當中」。學校的同學都知道我是日本人，黨組織也一直在追蹤我們。

最近有八名日本人被當成間諜加以拘留並起訴*，這和我們當時的狀況幾乎一樣。習近平的中國正「返祖歸宗」，倒退回文革那個黑暗的時代。

「一看到外國人就把他當成間諜」，這種觀念深植人心；在這種情況下，環繞在外國人周圍的中國人也同樣會遭到逮捕。中國讓自己的社會盡量不與外國人接觸，與外國的價值觀保持距離。中國政府之所以把日本人當成間諜加以拘留，其目的正是要殺雞儆猴。

正如前述，我出生在一九七二年十月五日，就在我出生的前一周，日本首相田中角榮為了簽署《日中共同聲明》（《中日聯合聲明》）而來到中國。從此以後，日中外交開始正常化，我們一家也迎來了重大轉機。

當時被視為日本間諜而潦倒落魄的父親，一夜之間身價暴漲，成了「中國的友人」；我出生後不久，家裡的狀況也有了明顯的變化。當然，對於田中角榮的日中外交正常化，在日本一直有著正反兩面的意見，但是這件事確實改變了很多住在中國的日本人的命運——我也是從這時候開始，才意識到政治的影響力有多深遠。

後來，父親恢復原職，再次獲得攝影師的工作。我的父親直到現在仍然相當尊敬田中角榮，尊敬的程度甚至到了我們絕對不能在父親面前說田中壞話的地步。

＊編注：自二〇一五年之後，在華日本人因違反中國《反間諜法》而被捕的事件層出不窮。作者所指為當時已有八名日本人被中方逮捕、並有六人被中方以間諜罪起訴。根據日媒報導，對於有日本人在中國從事間諜行動，日方一直予以否認。日本政府表示不會向海外派遣情報人員。詳見第八章，「不懂中文卻被當成間諜拘禁的日本人」一節。

在殘酷的文革中，被下放到不同農場的父母

石平▼就像矢板先生所說的，文革前後的狀況截然不同。矢板先生的父親因為身為日本遺孤而被認定為間諜，事實上，這樣的情況在當時的中國屢見不鮮。比方說，只要被人知道自己有親戚在海外，那個人的升官之路就算完了。當不了共產黨幹部不用說，還必須一輩子背負這個沉重的包袱。

有位我認識的女性，就是這種環境下的犧牲者。一九四九年共產黨取得中國政權之際，她的哥哥和父親逃亡到台灣，之後又移民到美國。被留下來的她直到鄧小平推動改革開放、美中關係改善的一九七八年為止，遭受了整整三十年的折磨。她不但不能擔任任何公職，就連她的丈夫也被排除在外；她的丈夫年輕時曾經積極參與共產黨，被高層視為有潛力的明日之星，但因為和她結婚的緣故，結果失去了往上爬的機會。這種故事在日本聽起來似乎很難想像，但在中國卻是再稀鬆平常不過的事。

和這對夫妻相反，當時與海外全然沒有關係的我父親，則是升任了共產黨支部的副書記。當然，父親能升官不只是因為這個理由，但至少沒有類似的

不利情況來掣肘。然而，到了文化大革命爆發後，父親就變成要被打倒的一方。之所以如此，是因為文化大革命的目的就是要把現任幹部加以剷除殆盡。不久之後，父親被逐出大學，下放到集體農場；母親當然也逃不過這種命運，儘管她只是一名普通的大學教師，照理說應該沒有任何關聯才對，但一樣遭到了下放。

更殘酷的是，我的父母被下放到不同的農場，無法一起生活。因此，我和妹妹的年齡相差多歲——畢竟父親在下放的八年間完全無法見到母親，連一根小指頭也碰不到，所以這也是沒辦法的事嘛！

雖然我的父母都被趕出大學並且下放，但說起來還算是幸運的。當時大部分的知識分子都被吊起來打得半死，被活活打死的也不在少數。

父母的下放對我來說，毫無疑問也是一個轉機；因為雙親無法看顧當時還很小的我，我便被帶回母親的老家照料。從四歲到十二歲，我都是受祖父、祖母養育，在四川省樂山地區的山村裡長大。

徹底遭到時代玩弄的父親們

石平▼改革開放展開後，矢板先生的父親應該受到相當程度的禮遇吧！

矢板▽是的，隨著改革開放，想要招攬日本投資的人都把在日本有親戚的父親當成了寶；之後，父親被選為天津市的政協委員。所謂政協委員，就跟日本的地方議員差不多；父親除了積極參與各項會議，也為了找尋血親而走訪日本。

這時候我們的生活已經相當穩定，也有了一定的社會地位；但是父親態度相當堅決，一定要返回日本。我問父親理由何在，他說：「一想到我明明什麼都沒有做，卻被當成間諜打到社會最底層，再想想我現在也是沒有付出任何努力，卻被推上政協委員的位置，就知道大家都是在利用我。這種像是坐雲霄飛車般的人生，我受夠了！」

石平▼我雖然和矢板先生在生活背景上有很大差異，但就某種意義上來說，我們兩人的父親，同樣都是遭到時代徹底玩弄的人。他們不只不能決定自己的人生，更不能憑自己的意志去掌控它。

矢板先生的爸爸明明沒有做什麼壞事，卻因為文化大革命被指為日本間諜，過了十年落魄的生活；結果當鄧小平下令改革開放後，他又被渴望日本資金的人給拱上神壇，當上政協委員。相對之下，我父親跟外國沒有任何關係、也沒有受此妨礙仕途，卻在文革期間慘遭下放，這真是件恐怖的事。

配給豬肉需要排上十小時

石平▼話雖如此，當上政協委員以後的生活，應該會比當攝影師的時候好過很多吧？以我周遭的情況來說，每年大概只有一次機會能穿上新衣服；就算鞋子破了兩、三個洞，也得一直穿下去才行。

矢板▽確實是好過一點沒錯，但也不到足以奢侈的程度。衣服方面，我跟石平先生一樣，一年只有一次機會買新衣服；至於食物方面，每周只能吃一頓肉，最多就是兩頓。現在想起來，這樣的生活實在稱不上是「富裕」，但當時卻不覺得有什麼苦，畢竟周圍的人都是過著同樣的生活。

石平▼自我懂事以來，在記憶中從來沒有一周吃上一頓肉這種事；通常都是一個月一頓，有時候甚至兩個月才有一頓。不只如此，當時的中國仍然處於徹底的管制經濟下。

我在一九七四年、也就是十二歲的時候，從鄉下回到成都；那個時候，城市居民在食物方面都必須仰賴政府發放的糧票——也就是說，每個人每月能吃多少米等糧食，數量全都由政府決定。簡單說，這時候的政府是完全不考慮個人食量多寡的；提供給年輕男性的量最多，給老人和小孩的分量當然就變少了。

當時，我家抽屜裡塞滿的，都是政府按類發放的配給券。不只是食物，就連醬油、沙拉油、肥皂，做衣服的布料、還有香菸，全都需要配給券。豬肉也要配給券，每人每月半公斤。而且因為肉店不是每天都有肉可賣，所以一到配給日，大家就得翹班，全家總動員去排隊；在我印象中，最久曾經排了十小時的隊。為了一、兩公斤的豬肉排上十小時，這就是城市裡的實際狀況。

人民公社剝奪，農民連食物都沒有

石平▼以我的情況來說，雙親遭到下放、被託付給四川鄉下的祖父母養育，在某種程度上反而是人生中相當快樂的時光。因為是在鄉下，紅衛兵幾乎不會過來，畢竟在這裡沒什麼事可幹，也沒有什麼可以掠奪的造反對象，所以他們都不會刻意繞道前來。

祖父的職業是中醫，當時中國的農村沒有其他的執業醫生；只要人們生病，就會自動前來向祖父求診。在我記憶中，中國農民要是生病的話，大半都會在無法得到充分治療的情況下死掉。

矢板▽這點直到現在也沒有改變。在鄉下生病的話，「睡睡就好了」是常識，簡單說就是跟野獸的原始求生反應沒有兩樣，畢竟醫療費實在太貴了！

石平先生剛剛提到的糧票，在我小時候如果要買東西，也全都仰賴它們。但是，城市的糧票卻有過剩的狀況；之所以如此，是因為城市人口不斷增加，即使有糧票也買不到東西吃；比方說，城市地區的雞蛋就很不足。

但是另一方面，糧食不足的農村居民卻很想要糧票；於是他們便會飼養雞隻，把雞蛋運到城市，靠著交換糧票來維持生計。

為什麼生產糧食的農民反而會面臨糧食不足的狀況呢？當時的我一直無法理解，但再想想，農民的一切都被政府奪走，自然會有糧食不足的狀況。這實在是相當蠻橫不講理的事。

石平▼那個時候，中國的農村全都被畫分成一個又一個的人民公社，陷入徹底剝奪的世界之中。（自從一九五八年以來，中國便將農業生產合作社與地方行政機關合為一體，成為地區組織的基礎單位，這就是「人民公社」。人民公社便以集體化農業為中心，包含了政治、經濟、文化、軍事等一切機能，後於一九八二年瓦解。）全體農民都被納入人民公社的編制下，不管多麼辛勤工作，收穫的作物基本上都得上繳給政府，只有最低限度、能夠勉強餬口的部分會留下來，並配給給農民。明明是自己種出來的東西，卻被這樣剝奪……

不只如此，當時毛澤東還公然倡言：「只要給農民適量的食物就行了；閒暇的時候給粥吃就可以了，農忙的時候再給他們乾飯就好。」*農民要吃乾飯還是稀粥，全是毛澤東說了算。

「你們現在不能光吃飯糰，有粥就該滿足了，只有忙的時候才能吃飯糰。不只如此，也不能光吃米，還要雜以番薯和青菜。」這是記載在中國人民的領導者——毛澤東語錄中的話。那時候的農村裡，到處都張貼著毛澤東的這句話。

大饑荒不是歉收，而是「人禍」

矢板▽確實如此。剛才石平先生說到一九六九年前後有三千萬到四千萬人餓死，其中大半幾乎都是農村居民。就像是種姓制度一樣，不管什麼物資都是優先供

* 譯注：原文為「忙時吃乾，閒時吃稀，不忙不閒時半乾半稀」。

應共產黨幹部，其次是城市居民，至於農民，則是注定遭到剝削的對象。這幅景象直到今日，仍然不曾改變。

石平▼大饑荒的主因並不是歉收，而是人禍。

當農作物收成時期、要向中央上報的時候，某地的幹部報告說，「我們的生產量超過平常三倍」，隔壁地區的幹部不甘示弱，就會報告：「我們的生產量超過四倍」，用這種超額報告來相互競爭。雖然這全是謊話連篇，但結果下來，假報的收穫量，竟然變成了一般年收量的三十倍以上。

當然，實際的收穫量跟平常一樣，並沒有什麼改變，不過是上報量的三十分之一；但這種惡質的虛報全都轉嫁到農民身上，結果造成農村不斷有人餓死。因此，真正的原因不是歉收導致大饑荒，而是地方幹部超額上報產量所引起的人為大災難。

矢板▽記取了這樣的教訓，等劉少奇和鄧小平掌握了權力後，便稍微放寬規定，給予農民一些土地。

石平▼我在下放這段期間，多少聽聞過一點關於農村糧食的狀況，也親眼目睹了一個有趣的現象：因為農地大半是人民公社的土地，所以農民只會適度耕作，有時候甚至還會偷懶，隨隨便便耕過就算。

但是，因為按規定，分配給自己的土地上種出來的作物就屬於自己的，所以一到這邊，他們就拚了老命耕作。毛澤東認為這是邪惡的「資本主義」，所以在文化大革命時期，又把一度分給農民的土地，全都剝奪回到人民公社的手上。

三兄弟穿一條褲子、一家五口擠一條棉被

石平▼因為鄉下只有祖父這一間診療所，所以患者總是不遠千里前來看病；加上大家都是農民，手上沒錢，都是用食物來代替診金，時常可見他們帶著雞鴨前來求診。正因如此，我們一家三口的生活頗為充裕，並沒有受到糧食不足的

困擾。

但是，周遭農民的悲慘實在是一言難盡。我的鄉下朋友家照著毛澤東的指示每天喝粥，但是那幾乎不能算是粥，只不過是米湯而已。他們將沉在大鍋底下的一些米粒，用勺子舀啊舀地撈起來，然後就這樣配著湯啜飲。

不幸中的大幸是，四川省是塊就算放著不管、也會長出番薯的土地。所以，農民每天都吃番薯過日，但也只有番薯可以吃。這就是衣食住行中，「食」的真實狀況。

小學時代的石平（圖右）與友人合影。當時石平還是「紅小兵」，也就是文化大革命中比紅衛兵年齡更幼的初中以下集團。

至於在「衣」方面，孩子往往兩、三年都沒新衣服可換。比方說，三兄弟必須共穿一件褲子，一家五口必須同擠一條棉被；這樣的現象相當普遍，所以大家都不覺得有什麼好大驚小怪的。

即便在這麼悲慘的生活當中，人民公社還是設有小學；就算是小學，上課環境也很糟糕，往往是在沒有桌子的泥地屋裡上課。

現在講起來似乎相當滑稽，但是小學老師每天都反覆說著這樣的話：「在這個世界上，你們過著比任何人都幸福的生活。日本人、美國人、還有世界上的其他人民，全都過著食不果腹的生活。」我們就是這樣被教育的。

名為「憶苦飯」和「憶苦大會」的愚民教育

矢板▽這種教育一直殘存到我那個時代，像是《少年報》之類的小學生報紙，上面都有個專欄，專門來寫「社會主義好，資本主義糟」的內容。在這專欄中，一定會講到類似這樣的話：「人民政府會幫助生病的孩子，讓他們找回健康。相形之下，（資本主義象徵的）紐約不只有孩子餓死，也有流浪漢凍死。」諸如此類的報導每天刊載，孩子們對此也都深信不疑。這還是一九八〇年代的事呢！

石平▼不過，八〇年代至少外面的資訊還可以進得來；我成長的七〇年代，因為完全沒有任何外面的資訊，所以對這套東西都深信不疑。

矢板▽不不不，當時的我其實也很相信這套喔（笑）！在課外活動的時候，老師會朗讀頌揚中國的報導，然後要我們寫心得。

石平▼一九四九年中國共產黨取得政權以前的國民黨時代，在中國共產黨的術語中叫做「解放前」；相對地，共產黨支配中國，代表人民獲得了解放，所以稱為「解放後」。

我們所受的教育之一，就是「解放前」的日子相當艱辛，人民只能過著跟奴隸一樣，有一餐沒一餐的日子。共產黨為了讓小學生切身感受到真正貧苦的「解放前」人民究竟吃些什麼，於是要孩子們吃所謂的「憶苦飯」。

這玩意雖然稱為「飯」，但裡面放的是米粒和玉米粒。真正貧窮的孩子吃到了反而非常高興，直呼：「比我們家的飯還好，好吃！太好吃了！」（笑）

不只這樣，人民公社也會召集人們，舉行所謂的「憶苦大會」，目的是要讓人們回想起解放前在國民黨政府統治下，人民過得有多苦。他們把農民聚集起來，命令他們陳述「自己以前到底有多苦」；一開始，大家的發言聽起來似乎真有其事，但其實全是通篇瞎扯。畢竟，在國民黨政權時代，人們至少還能好好吃頓飽飯啊！

就這樣一直說著說著，結果話題慢慢轉移到毛澤東的大躍進引起的大饑荒，連「饑荒中死了多少人」這種話都說出口了！開場的時候，人民公社的幹部還津津有味聽著農民「憶苦」，途中猛然察覺到不對勁，才連忙慌慌張張大喊：「停下來、停下來！」企圖打斷台上農民的滔滔不絕。那個講話的農民被帶走了，人民公社的幹部也因此倒台。當時就是這樣的時代。

密告無辜雙親的孩子被視為英雄的時代

矢板▽我也吃過好幾次「憶苦飯」。在我們那個世代，這玩意已經徹底變成徒具形骸的老古董，對於為什麼要吃這種東西，大家都抱持著疑問，但因為是例行公事的緣故，所以沒辦法，只好吃了——大家就是抱持著這種冷冷淡淡的態度。

特別讓我印象深刻的是，小學時在班上流行的「密告」。共產黨因為是無神論，所以會要求小學生寫下：「在自己家人或身邊，有沒有宣傳封建迷信、沉迷奇怪宗教的人」，然後向學校報告。畢竟，宗教團體是共產黨眼中的一大威脅。

小學生都很純真樸實，會真的就這樣告訴老師：「照這麼說的話，某某人曾經講過奇怪的話喔！」被寫出來的人就會被抓到批鬥大會上，被迫自我反省。雖然這些舉報大部分都不記名，但內容卻是你我之間才知道的事，所以密告者是誰，完全一清二楚。就這樣，孩童間的人際關係徹底瓦解，陷入彼此懷疑猜忌的狀態。

小學時代的矢板明夫。攝於天津市內的公園。

石平▼只有叫你反省的話，那還算是溫良恭儉讓了呢！我十二歲的時候從鄉下回到成都，進入中學就讀。文革時期關閉的大學也重新復校，於是父母也回到了成都。這時候，在農村少之又少的密告，在大城市成都卻是相當猖獗。

有一件我至今難以忘懷的事：某一天，有個中學生來我們學校進行演說。站在講台上的他，開始報告起自己「了不起的行為」。

他所做的事情是這樣的：他聽到自己的父母在家中激動地表達對共產黨的不平與不滿，於是第二天便跑去向學校的老師說：「我對我父母的作為很感疑慮，老師您怎麼想呢？」聽了這話的老師，理所當然地向上報給中學的黨委員會，而中學黨委員會又更理所當然地，上報給更高階的黨委員會。

當時，中國所有機構和場所都設有黨組織，高階黨委員會向中學生父母工作地點的黨委員會傳達了這件事，當天就逮捕了這對夫妻；而向老師密告父母的他，立刻被視為英雄，到各個學校宣揚自己的「功蹟」。

我站在講台下往上看，他完全沒有哭泣著稱呼自己的雙親「爸爸媽媽」，而是直接指名道姓批判他們：「某某某的行為，絕對不能允許！」、「這種反革命分子，我要永遠跟他們斷絕關係！」、「我們必須徹底批判這兩個人！」、「大家的雙親如果也這麼墮落的話，一定要跟他們戰鬥到底！」

台下頓時掌聲如雷。這幅景象到現在，仍然鮮明烙印在我的腦海裡。

我不知道在這種情況下，他的父母還能不能保住性命？若是能保住性命的話，他們又會不會原諒這個兒子呢？如果他還留有一點人性與良心的話，大概這一輩子都會為此所苦吧！

中學時代的石平。攝於毛澤東死前一年（1975年）的四川省成都市。

抹殺數千萬人死亡歷史的中國共產黨

矢板▽因為整個社會都已經扭曲了，所以與其說這個人會不會感到痛苦，不如說他出乎意料地，懂得在這個「社會主義社會」當中的處世之道吧！

我小時候就身處這個密告社會中，結果就是誰都不敢說真話，說出來的盡是些謊言。其中，共產黨的謊言尤其是堂而皇之、橫行無忌。只要對共產黨的宣傳抱持疑問，周圍就會有人去密告。這樣的氛圍，其實正是他們為了順利管控人民，而一手打造出來的架構。

石平▼共產黨的一黨支配不只是透過權力來控制眾人，而是把所有人都收編進權力結構當中；從某種意義上來說，每個人都是權力的一部分。這其實是非常恐怖的一件事，對孩子來說更是如此。

矢板▽共產黨政權，本身就是一個謊話連篇的政權。它把所有人捲入其中，讓大家一起編造謊言。

石平▼現在想起那個時代，其實相當有意思。簡單說，那是一個謊話被當成事實、事實卻被視為謊言的時代。

在那時候，中國發生了數不盡的悲慘事件。舉例來說，就像前面講到的，因為大躍進失敗引發大饑荒，結果造成中國全境有好幾千萬人餓死，但共產黨政府卻當作這回事從來沒發生過一樣。

只要有人提起大饑荒，那個人就沒命了，因此，誰也不敢提這件事。只要大家都不說，這件事就不曾真實存在過。

也正因如此，現在大多數日本人在電視上看到北韓一黨獨裁的景象，對於「為什麼他們的人民如此順服」，都感到相當不可思議；但對我來說，這種事完全沒什麼好奇怪的——一黨獨裁的國家就是這樣。

當時的我對於中國共產黨也不曾抱持疑問。明明實際發生的悲慘事件罄竹難書，但人類很不可思議的是，只要切斷、封閉所有資訊，再讓自己的老師與周遭眾人不斷灌輸「現在的你很幸福」的想法，就會認為這是真的，反而感覺很高興。

因為那時候我還是孩子，所以幾乎不會為這種事感到煩惱。總之，跟著毛主席走就對了——那時，我是真的這麼想的。

迴避人民的憤怒，創造出社會最底端的階層

矢板▽世界上有好人與壞人：好人是中國共產黨，壞人則是美國，還有膽敢批判中國共產黨的知識分子。因為善惡被單純二元化，所以中國人民完全不動腦筋思考也無所謂，從某種意義上也算是快樂了。

中國的兒童漫畫也是一樣。漫畫中一定有敵人，而且大多數是進行破壞活動的台灣間諜；而逮捕間諜的，一定只能是中國的英雄。

石平▼不只如此，中國人民實際的生活，也可以說已經壓到了最低標準。因此，在這種最低標準的生活中，每個月能吃到一次豬肉，反而會感到相當幸福。

矢板▽而且，每個月吃肉的前一天就已經開始感覺到幸福了。

石平▼矢板先生所說的二元論，其實是支配者為了自己方便而創造出來的。在那種現今難以想像的殘酷生活逼迫下，我們都吃了很多苦頭；但是，對那些當時

在中國被貼上「反革命壞分子」、「富農」等負面標籤的人來說，他們所見到的更是地獄。

這些人被剝奪了一切人權，身處在隨時被殺也不足為奇的狀況下，過著比我們更加悲慘的生活。事後我才了解，當時的政權是「刻意」要營造出這樣一個最底端階層的。為什麼要這麼做呢？原因是，只要有這樣一群人存在，平常老百姓就會反而湧現出一股優越感。「我們只是普通人，還不是那種最低等的人，實在是太幸運了啊！」為了營造出這種氛圍，所以必須有最底端階層。

毛澤東讓全體中國人民陷入地獄；可是，因為在這底下還有更殘酷的地獄，所以即使自己身處在地獄，也會覺得好像還滿幸福的。

真是一個恐怖的時代。

第二章

毛澤東一手打造的恐怖二十七年

去不去學校都無所謂的文革時期

石平▼就像前一章所講的，我的少年時代確實過得相當艱辛，但現在回想起來，從四歲到十二歲這段住在鄉下的歲月，卻是相當快樂。

那時候，我們最愛的就是騎馬打仗；村裡的孩子會成群結隊，和其他村莊的小孩打打鬧鬧，每天從早到晚打個不停。我因為個子矮小，理所當然做不了主將；但不是我自誇，因為我腦袋好，總是扮演軍師的角色，專門出一些幫忙打勝仗的點子。做軍師的話，也不會被其他人隨便欺負，畢竟背後有主將當靠山嘛！

不只如此，我還會把患者帶給中醫師祖父、充當診金的食物，公平分配給一起遊玩的夥伴，從而確保自己第二號人物的地位。至於學校嘛，去也好、不去也行，總之只要適當地露個臉就好了。沒辦法，畢竟那是文化大革命時代，上不上學其實都無所謂；要是老師強制把學生叫到學校，還會被認為違反了毛澤東思想——好一個「造反有理」的世界哪！

學校老師上課也是馬馬虎虎、得過且過，因此孩子們到了下午就開始呼朋引伴去騎馬打仗，或是建造自己的秘密基地；要是打仗打累了，就四處去找東西吃。我們最喜歡做的就是抓麻雀來吃。我們會在地面挖洞、放進米粒，然後用瓦片覆蓋，再用小木棒支撐瓦片。在木棒上綁一條繩子，等到麻雀鑽進洞裡啄食米粒的時候，拉動繩子，瓦片就會砰地掉下來。用這種方法，大概每天可以抓個十幾隻麻雀來烤。有時候，我們也會在田壟間抓泥鰍來吃。

當時小學教師的水準實在令人不敢恭維，他們大概都只有地方高中畢業，程度更是跟小學生差不了多少。教教加減乘除還勉強過得去，若是要教物理和化學，那符合程度的人可是一個都沒有。

因此，我的教育基本上是由祖父一手包辦。祖父教了我很多成語和《論語》，這讓我的國語始終維持在一般水準之上，如今我能夠像這樣以文筆為生，全是拜祖父的教育所賜！

說句題外話，我的聲音相當洪亮。之所以如此，一個原因是中國人說話聲量原本就比其他國家的人更大；至於另一個原因，則是因為我少年在農村生活，為了和田壟對面的人交談，不得已只能大聲說話，久而久之，我的聲音就變得更加洪亮了。

利用約翰・藍儂遇刺事件的扭曲報導

矢板▽我從孩童時代起就對國際政治很感興趣。一九七九年發生在伊朗的美國大使館人質事件（伊朗占領美國駐伊大使館、挾持館員的事件）、以及一九八〇年爆發的兩伊戰爭（伊拉克對伊朗發動侵略戰爭，戰事打到一九八八年，持續了八年之久），在新聞媒體上都有相當大篇幅的報導，而年少的我也用關心的目光，注視著它們的發展。

儘管這些報導大部分都是偏頗扭曲的，但我還是很喜歡看這類電視新聞。這些報導的基本架構是：世界上充滿了邪惡的國家，美國更是最大的惡棍；不只如此，外國的情勢更是一天比一天糟糕。雖然只是這樣的新聞，但現在回想起來，感覺就像好玩的遊戲一樣，讓人樂在其中。電視的話，我主要收看中央電視台的新聞節目，報紙則是《參考消息》。

說到這裡，我忽然想起一件事，那就是一九八〇年十二月八日約翰・藍儂在美國遇刺的時候，中央電視台做了僅僅一分鐘的新聞報導。報導的主旨是「連這麼有名的歌手都會被人殺害，美國的治安真的很差」，把它當成治安問題來傳播。

因為當時在中國沒有什麼人知道約翰・藍儂，所以他們才能用這種非常扭

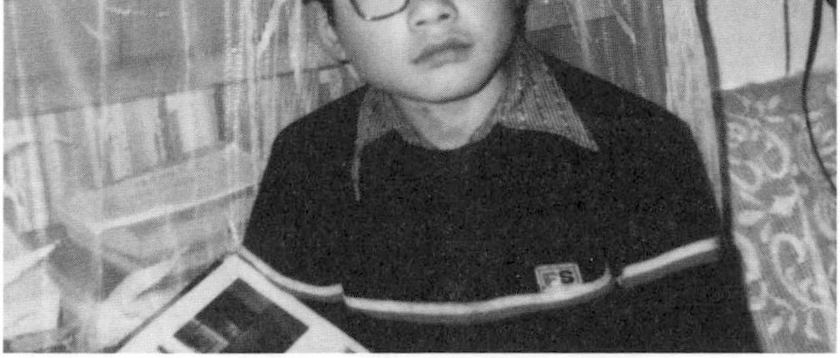

13 歲時的矢板明夫。攝於天津家裡。

14 歲時的矢板明夫，舉家遷回日本前夕。攝於天津家裡。

曲的形式，將這則新聞傳達給中國人。從這層意義上來看，當麥可・傑克森過世的時候，中國國內追悼的聲浪高聳入雲，跟約翰・藍儂遇刺時的狀況相比，簡直天差地別；從這個差異也能看出中國的巨大變化。

在這種情況下，對國際政治感興趣的人，自然就會浮現一種「中國愈來愈強，美國則是每況愈下」的感受。不只是我，像是習近平等共產黨菁英領導人，一定也都是在這種感受下培育出來的吧！

我回到日本以後，由於接觸了形形色色的事物，內心也產生了相當大的轉變，但這些共產黨菁英卻一直沉浸在這樣的感受當中，完全沒有察覺到其中的扭曲與偏頗。

石平▼說得沒錯！他們的世界觀到現在為止，基本上沒有任何改變。說得更精確一點，這是個相當有趣的批判——不只是習近平，這整個框架從以前到現在，一直都沒有改變。

被毛澤東用過就丟——紅衛兵的悲劇

石平▼中國有「知識青年」（知青）這樣一個詞彙，從日本人的角度來看，大概會覺得這個詞就只是單純像字面上一樣，是「有知識的青年」的意思；但在中國，它其實具備了特別的含意。

這是當文化大革命造成社會大混亂、經濟嚴重破壞之後，因紅衛兵面臨嚴重的失業問題而產生出來的詞彙。

文革過後，城市地區的失業問題相當嚴重，許多年輕人苦尋不到就業機會，其中也包含了紅衛兵。對毛澤東而言，紅衛兵不過就是用來打倒劉少奇的工具罷了；等到利用殆盡之後，紅衛兵的存在就成了毛澤東和共產黨的眼中釘。結果，這些紅衛兵只能每天在城市裡無所事事，不知該做什麼好。

事情演變成這樣，他們當然也找不到工作，共產黨便打算把他們全部趕到農村去，這就是所謂的「下放」。共產黨很厲害的，他們絕對不會說自己要趕人，而是下命令：「你們要暫時前往農村，接受農民的再教育。」

說到底，在共產黨理論中，農民才是真正有智慧的人；比起知識分子，他們更樂於讚頌農民、捧高農民的地位。知識分子是腦袋裡裝滿了反動思想的毒草，只有跟農民、勞工並肩奮鬥，才是值得稱讚的高尚行為。

這些從城市中過剩而溢出的青年就被稱為「知青」，他們在高中畢業後幾乎都會被丟進農村，就這樣持續了八年之久。

矢板▽誠然如此。我認識的人從一九六八、六九年左右開始下放，到七六年為止一共持續了十年；下放的場所愈來愈靠近城市，最後是在北京近郊。

石平▼最初這些知青都是配屬給人民公社，再從公社派遣到農村。可是對農民而言，這些從城市來的傢伙什麼都不會，只會礙手礙腳；畢竟，他們對農作可是一竅不通啊！

另一方面，被下放的紅衛兵自己也是苦不堪言，他們從城市被趕到鄉下農村，一夕之間失去了所有前途。留在城市裡的父母眼見這種景象，無論如何都要把他們從農村救出來，於是便想盡辦法，對人民公社的幹部或地方幹部行賄。我也是在這時候才第一次聽到「賄賂」這個字眼。

諾貝爾和平獎得主被下放時的激烈對峙

矢板▽在這裡我要補充一下：據估計，大概有兩千多萬的「知識青年」被下放到農村；到了一九七七年，他們終於在鄧小平的一聲令下回到城市，但是返鄉仍然有先後順序之別。大家都想早一點回去，要是不早點回去，萬一哪天政策又改變，搞不好就回不去了。於是，大家為了早點獲得返鄉許可，紛紛向有決定權的幹部行賄。

我曾經從諾貝爾和平獎得主、二〇一七年過世的劉曉波先生那裡，親耳聽聞關於賄賂的故事。劉曉波也是被下放的知青一員，當時習近平總書記、李克強總理、王毅外交部長也同樣都在下放行列中。

劉曉波被下放到吉林省的農村，當他最後要回到城市時，必須要有村裡的革命委員會主任、也就是村長的簽名才行。只要村長簽名放行，他馬上就可以完成手續，回到城市；於是劉曉波到處向親戚借錢，還把當時價值兩百塊的手錶贈送給村長。故事就從這裡開始急轉直下——

當村長簽了名之後，劉曉波把所有行李裝上馬車，差不多可以動身離開村莊了；接著，他卻跳下馬車，再次來到村長家門前。劉曉波拿起一把斧頭，走進村長家裡，把斧頭擺在村長面前，逼迫對方說：

「你現在有三條路可以選。第一，用這把斧頭砍死我；第二，被我用這把斧頭砍死；第三，把我的手錶還給我。」

等村長把手錶還回來之後，劉曉波才搭上馬車回到城市。這支手錶既不能換錢，也不能幫他把四處借的錢要回來；從這點來看，劉曉波真是拚了性命，不得不讓人感佩他的氣魄驚人。

造成共產黨菁英心理扭曲的元兇

石平▼為了回到城市，知青會設法賄賂當權者；至於遭到下放的年輕女性，該怎麼辦呢？不用說，當然只能將肉體獻給村裡人民公社的幹部，以此取得回城市的簽名許可；而她們之後將把這些陰暗的經驗隱藏在心底最深處，方能繼續活下去。

矢板▽現在的中國領導人都是曾被下放、然後回到城市的前知青。他們曾經對毛澤東深信不疑，結果卻被下放到農村，一言以蔽之就是被騙了。然而，當時他們每個人都高喊社會主義口號，講話冠冕堂皇，到了要爭取回到城市的機會時，卻個個爭先恐後行賄，所以說到底，他們跟毛澤東其實也不過是一丘之貉。

凡此種種，都造成他們的內心扭曲偏斜，精神中也隱藏著分裂不安的因子，這就是現今中國變得極端詭異的原因之一吧！

石平▼他們大多不願承認自己有過這段悲慘的青春歲月。畢竟若是坦承這點，就等於承認自己的人生曾經相當淒慘。相反地，在這種扭曲心理的反映下，他們非得去讚美那個時代不可。「就因為那個時代太偉大了，所以我們才會前往農村；那個時候，我們度過了相當不簡單的人生，我們的青春是意義重大、價值深遠的。」習近平恐怕也被這種思想所深深浸染了吧！

矢板▽我有同感。我在寫有關習近平的作品《習近平：共產中國最弱勢的領袖》（共産中国最弱の帝王・習近平）時，曾經前往他被下放的農村進行採訪，得以一窺當時的悲慘生活。習近平開始農村生活之後，便因為無法忍受沉重的勞務而逃出當地；可是他在北京並無容身之地，幾個月後不得不回到農村。此後，他放下了城市出身的驕傲，身先士卒從事苦力與髒汙的工作，完全化身成農民；最後，他的努力終於開花結果，年僅二十歲便被選為村中的領導者——黨支部書記。

習近平的父親習仲勳，是對中國改革開放居功厥偉的改革派；他在文革受到毛澤東猛烈的迫害，整個家族也被毛澤東殘酷折磨。儘管如此，習近平卻企圖成為迫害自己與家族、原本理應是「敵人」——毛澤東——的後繼者。

2011 年，矢板明夫前往習近平青年時期下放的陝西省農村採訪，聽習近平青年時代的朋友們講述往事。

遭人為難、受人凌虐的人一旦有了力量，往往就會反過來想凌虐他人。或許有人會認為，習近平自己曾遭下放、深知文革的痛，應該不會重蹈覆轍才對，但實際上正好相反。

父母、老師與孩子一起高考

石平▼中國的年輕人就這樣白白被剝奪了十年的大好前途。好不容易到了一九七七年，高考終於重新復活；這場高考非常有趣，只見十幾歲、二十幾歲、三十幾歲、四十幾歲的人們齊聚一堂，一起接受考試。畢竟，這是累積了十年分的考生嘛！就算父親和孩子一起參加考試，也是稀鬆平常的。

矢板▽在當時的中國，就算是高中老師，也有很多人沒讀過大學，所以也會出現教導考生的高中老師與學生一起應考、結果老師反而落榜的笑話。

石平▼我在一九七四年、也就是十二歲的時候回到成都，當時文化大革命仍未結束。毛澤東依然在世、四人幫也依舊跋扈，我對未來完全看不到任何希望，只憂心自己搞不好過一陣子又要被下放到農村；在這種情況下，根本沒有考慮未來的餘裕。學校也還是老樣子，老師成天只會教「在社會主義祖國裡，有美好的未來等著你們」這種大謊言。

就在我回到成都兩年後，也就是我讀中學時，毛澤東死了。當北韓的金正日死亡，有很多日本人看到北韓人民全體號泣的場面，覺得相當不可思議；但是如今回想起來，在毛澤東死亡的一九七六年九月九日，我也有過人民為此號泣的體驗。事實上，那天應該稱得上是中國人民終於從地獄中解放出來的日子，可是全體中國人卻齊聲悲泣。

簡單說，經過二十七年的教育，毛澤東已經變成唯一的真神，徹底管控了人們的心智，因此大部分人都是打從心底真摯地哭泣。不只如此，在接下來的一個月當中，中國人民還一邊為毛澤東戴孝、一邊過日子。

然而，事情並非僅此而已——事實上從這天開始，中國真的改變了，在人民的眼前，未來首度敞開了大門。就在毛澤東死後的第二年、也就是一九七七年，鄧小平讓高考復活，而我們這個世代的年輕人，也終於第一次有了明確的目標。

那時候我們的目標只有一個，就是通過高考、進入大學就讀；我生平頭一遭一板正經地認真用功，也是在十五歲的時候，為了高考拚命苦讀。幸好我的腦袋還不差，終於在一九八〇年通過考試，進入北京大學就讀。

「毛澤東唯一做對的事，就是他死了。」

矢板▽新中國有相當多轉捩點，其中最重要的，就是毛澤東的死亡。某位中國知識分子曾經這樣說過：「毛澤東在中國建國後唯一做對的事，就是他死了。」

石平▼不，我還認為毛澤東死得太晚了。如果他早十年死掉的話，文化大革命或許就不會發生了。儘管如此，我還是和大家一樣，在毛澤東死的時候放聲號泣。畢竟在那種氛圍下，不哭泣的人都會被懷疑：「你是反對毛主席嗎？」所以大家都自然而然地放聲大哭。

矢板▽我能理解那種心境，畢竟不管怎麼說，毛澤東都給人一種「最貼近自己的親人」一般的感受。每天所有的媒體，都只是一味傳播毛澤東的話語；說難聽一點，毛澤東搞不好比自己的親人還要親。

石平▼當時從小學到中學，每一間教室的黑板上都高掛著毛澤東的肖像，開始上課前，大家都要起立，對著毛澤東肖像鞠躬行禮。不只如此，語文教科書裡面，超過一半的篇幅也被毛澤東所占據。毛澤東寫的文章、毛澤東寫的詩……教材裡面，毛澤東堪稱氾濫成災。

矢板▽我的少年時代是在鄧小平治下度過的。鄧小平時代當然有很問題，但當時的中國感覺起來，至少稍微好上那麼一點。從某種意義上來說，直到一九八九年「天安門事件」為止，都是一個相當快樂的時代。

在那段時間裡，我們的視野漸漸開闊、也有很多外國人前來；當時的中國雖然貧窮，卻是一個人人抱持希望的時代。

石平▼然而，從這層意義上來看，矢板先生的世代和我這個世代，對於時代氛圍的認知是頗有差異的。對我們而言，毛澤東死前的時代不是「愈變愈好的時代」，而是「一切都已經很完美」的時代——我們必須打從心底認為，當時的一切已經好到不能再好了。

矢板▽直到毛澤東死去，大家才從這個幻想中猛然醒來。

為否定毛澤東而解放思想的鄧小平

石平▼反過來說，直到毛澤東一死，周遭才開始談起在他君臨全國的二十七年間所產生的種種問題與矛盾，許多事實也因此才得以大白於天下。

正如大家所知，一九七七年鄧小平為了推動改革開放，打算脫離毛澤東的政治路線；可是在當時，毛澤東依然是絕對神聖的存在，於是鄧小平為了脫離毛澤東的陰影，便開始推行思想解放運動。

所謂思想解放運動，是對毛澤東時代政治的否定。正因毛澤東的時代沒有那麼好，所以鄧小平的改革開放才顯得合理正當；如果毛澤東時代的一切都好到不行，那還需要什麼改革開放？中共政權提示了這個大方向，底下的知識分子便異口同聲，開始說起：「是啊，其實毛澤東時代真的很糟糕呢！」

矢板▽簡單說，鄧小平是為了否定毛澤東才推動思想解放。鄧小平的心腹曾經發表過一句著名卻很難解釋的哲學論點，叫做「實踐是檢驗真理的唯一標準」。直到當時為止，整個中國都在毛語錄的籠罩之下；因為毛澤東「這樣講過」，所以「這件事」一定是正確的。

但是鄧小平的主張卻反其道而行，認為任何事情如果不試著去實踐，就不知道是真是偽；唯有實踐，才是檢驗正確與否的方法。透過這樣的論述，他開始逐步否定被視為絕對正確的毛澤東。

若是思想解放繼續發展下去的話，中國國內不只會產生經濟改革，更有很大的機會能萌生出政治改革的花朵。但結果，因為爆發了鎮壓要求民主化的「天安門事件」，這樣的發展態勢猛然踩了剎車；此後，雖然經濟仍持續解放，政治卻完全停滯不前，這樣的狀況一直持續到了今日。

透過「傷痕文學」得知文革的本質

石平▼當時在思想解放運動中，有一種稱為「傷痕文學」的寫作形式——簡單說就是深受文化大革命所苦的人將經歷寫成小說。那些作品相當有意思，讀了之後，我才首次瞭解當時的人們在生活中發生了什麼事，又是處於怎樣的境地；因此從某方面來說，接觸傷痕文學是我人生的一大轉機。

讀大學之後，雖然大家都在討論這些作品，但就算讀了，也沒人有「勇氣」直斥毛澤東的罪惡；畢竟，大家都只停留在「作惡的是四人幫」這樣的認知層次而已。然而之後不久，這樣的想法便在我們心中開始湧現：儘管四人幫權勢滔天，但當毛澤東死後，他們就立刻遭到逮捕；既然如此，那四人幫又為什麼能夠如此猖狂作惡呢？仔細想想，答案其實很簡單，那就是因為有毛澤東在他們背後撐腰。那麼，對這些罪惡，毛澤東又該負怎樣的責任呢？

正是因為毛澤東的獨裁政治，才導致了文化大革命與四人幫的猖狂。為了摧毀這種獨裁政治，我們該做些什麼呢？

這點和八〇年代的民主化運動，以及「天安門事件」是息息相關的。關於「天安門事件」，我想在第四章再作更詳盡的討論。

讓人震撼的日本警察與市公所職員

矢板▽就在「天安門事件」爆發的前一年（一九八八年），我回到了日本，當時我正好十五歲。踏上日本土地的時候，我第一個念頭是：這是多麼好的國家啊！關於這點，我想石平先生大概也跟我抱持同樣的感受吧！

對迄今為止一直住在中國的我而言，身處日本簡直就像置身天國一般。畢竟，我在中國時總聽說日本是地獄，所以是抱持著「再糟也就是這樣了」的心態回來的；結果我發現日本不只空氣清新、市容美麗，就連人們也都溫和有禮。

第一個讓我深感震撼的，是日本的警察不會毆打派出所裡的嫌疑犯。這讓我不禁覺得，「日本的警察真棒，對人都好溫柔啊！」我在天津的時候，家裡附近就是警署，每天都可以看到警察揍人的場面——哎呀，就算是現在，中國的警察動用暴力也還是司空見慣的事哪！

接著我去市公所辦理戶籍手續，結果又讓我大吃一驚。在中國如果不行賄，手續就沒辦法辦下去，因此必須透過朋友的朋友，反覆探詢誰在市公所裡有門路；若是終於找到了那個「關鍵人物」，就把這次自己想辦什麼事告訴他，然後請他吃飯、向他行賄。如果不這樣，那手續就永遠也無法辦成。

而在日本，這些全部都是自己一個人就能完成，甚至只要撥通電話就能搞定，這實在令我難以置信。不只如此，市公所負責接待的職員全都笑臉迎人，這讓我相當震撼。

日本政治家其實水準超高？

矢板▽這時候我讀了相當多的書，但其中有一本書，促成了我往成為政治家的路上發展。

中國在兩千年前，曾經有位闡述道家理念、在日本也相當有名的思想家老子。*老子說：「政治家有三流的政治家、二流的政治家和一流的政治家之別。」

三流政治家實施的是恐怖政治，因為動不動就可能遭到肅清，所以人民總是處於恐懼之中，戰戰兢兢接受國家的控管。

二流的政治家，是讓人民感激的政治家；拜這種人所賜，自己才能一路走下去，因此值得深切感激。但是，老子認為，這樣的政治家說到底，也不過是二流罷了。

一流的政治家，其實是被人民看成傻蛋的政治家——老子提出了這樣的發想。簡單說就是，「那傢伙只是個稅金小偷、擺在那裡好看的花瓶罷了；我們全是靠著自己努力，才獲得現在擁有的一切幸福啊！」讓所有人民都這樣想的政治家，才是一流政治家。

按照老子的思考邏輯，日本政治家每個都是水準爆表（笑）！另一方面，受到老子言論的刺激，我開始在政治方面覺醒，並進了松下政經塾，以成為日本政治家為目標而努力。

石平▼從這個角度來看，毛澤東的施政只是二流到三流，而習近平更只是勉勉強強擠進三流水準而已。

矢板▽鄧小平儘管努力要擠進二流，但最後也只能位居三流。在日本，如果有人說「我們無論如何都得感謝安倍首相」的話，恐怕一定會被當成腦袋有問題吧！

＊譯注：原文為「太上，不知有之；其次，親而譽之；其次，畏之；其次，侮之。」

將所有惡行都歸咎給劉少奇一派的毛澤東

石平▼那個時代，中國境內要是發生什麼好事，全都得感謝毛主席。相反地，如果發生什麼壞事，那一定是壞分子、階級敵人、反革命勢力搞的鬼。隨著時代轉變，「壞分子」的定義也有所不同。

文化大革命期間，要是有什麼壞事，那一定全是劉少奇一派所為——儘管劉少奇本人已經死掉很久了。總之，我們被反覆教導說，劉少奇是最大的壞蛋，也是所有壞事的根源。從一九六九年左右開始，這樣的說教幾乎每日上演。

但是，相當不可思議的是，被罵成「最大的惡人，千刀萬剮都不足過」的劉少奇，以前是共產黨政治局的副主席；對於這樣的事實，卻沒有任何一個人感到疑惑。

一九七一年，被指定為毛澤東繼承人的林彪企圖引發政變，事件敗露之後，林彪與其黨羽被肅清，全國也展開批判林彪的運動，但關於「林彪事件」，至今仍有很多的謎團未解。在這起事件之前，林彪是毛澤東主席的忠實部下，也是副統帥和副領袖，結果林彪突然死亡，又突然被當成了大惡人；對於這一點，只要稍微思考一下，應該都會覺得很奇怪吧！

被當成「反革命分子」槍斃的拾荒老婆婆

石平▼只是，林彪的死從毛澤東的種種主張來看，怎樣也說不通；畢竟，林彪可是他自己指定的繼承人啊！

矢板▽至少看上去很不成體統。

石平▼當時雖然誰也不敢說出口，但心裡都覺得毛澤東的作法相當怪異。毛澤東還活著的時候，誰敢批評毛主席，就會被扣上「不敬罪」、「反革命罪」*的帽子，一律處以死刑。那時候，中國嚴格來說是沒有法律的；為了替代法律，產生了幾十條臨時法，其中第一條就規定：「凡是惡毒攻擊偉大領袖毛主席者，一律處死刑」。

在這裡，我想提一件我小時候親眼目睹的恐怖事情。那是在我從鄉下回到成都，進到中學就讀時發生的事。在我的住處附近，有位靠撿垃圾維生的獨居老婆婆。這位老婆婆每當天氣好的時候，總會一個人坐在街角曬太陽，看到放學路過的孩子，她都會和藹地笑著說：「辛苦了，要認真用功喔！」

但是有一天，老婆婆突然消失了。聽大人說，她是被當成「反革命分子」遭到逮捕了。

為什麼一位撿垃圾的獨居老婆婆，會被認定成「反革命分子」呢？原來是老婆婆某一天用了印有毛主席相片的報紙包裹從垃圾場撿回來的蘿蔔，結果就因為這種雞毛蒜皮的小事，被冠上「反毛主席」的大罪。幾天後，老婆婆被拉上卡車，在眾多市民面前遊街示眾，然後便被拉到刑場槍決了。

可是，當時的我也只覺得，就算是那樣一位總是滿臉笑容、待人親切的老婆婆，只要是「反毛主席」，就是理所當然該槍斃的惡人吧！

事後回想起來，我所目擊的這一幕，正是最典型、也最確切反映出當時毛澤東政治的案例。這種政治的本質有多瘋狂與殘虐，全然無庸置疑。

利用人們心中「惡魔」的毛澤東

石平▼矢板先生剛才提到的諾貝爾和平獎得主劉曉波，他也曾在自傳裡寫到，自己在孩提時曾經和朋友們一起凌虐被畫分為「壞分子」的父親。

劉曉波最後得出了這樣一個結論：在我們心中，都棲息著所謂的「惡魔」。毛澤東正是利用人們心中隱藏的惡魔，甚至更進一步誘使它滋長，才能掀起文化大革命。

既然如此，那文化大革命的本質究竟是什麼呢？說穿了，就是毛澤東巧妙

＊編注：最早出處是一九六七年《公安六條》的第二條：「凡是投寄反革命匿名信，秘密或公開張貼、散發反革命傳單，寫反動標語，喊反動口號，以攻擊汙衊偉大領袖毛主席和他的親密戰友林彪同志的，都是現行反革命行為，應當依法懲辦。」後來演變成所謂的「惡毒攻擊罪」。

操縱人性中最惡劣的部分，從而產生出的結果。

「我實在很想痛揍管教嚴格的老師，可是，在平常的秩序下根本不可能打老師；但是，如果我當上了紅衛兵……」毛澤東的文化大革命正是以革命之名，把學生「想痛揍老師」的慾望加以正當化，並釋放出來。

造反派也是如此。造反派基本上就是一群無恆產、無恆心的地痞流氓，他們對社會所抱持的，都是些憎惡與自卑的負面情感；特別在看到有權有錢的人時，這種負面情感更是燃燒熾烈。文化大革命讓這些人搖身一變成為造反派，要是變成造反派，就可以大搖大擺進入高級幹部的家中，不由分說地掠奪、乃至痛毆他們；不但這樣，就算想進入有錢人的家裡，也都沒問題……

毛澤東就是假借革命之名，釋放出這種人心的惡魔。

中国共产党中央委员会
关于无产阶级文化大革命的决定
（一九六六年八月八日通过）

一、社会主义革命的新阶段

二、主流和曲折

三、"敢"字当头，放手发动群众

四、让群众在运动中自己教育自己

五、坚决执行党的阶级路线

1966 年 8 月 8 日，刊於報刊的《中國共產黨中央委員會關於無產階級文化大革命的決定》，象徵無產階級文化大革命全面開始。

節日前必定舉行，宣洩民眾壓力的公開處決

矢板▽在我還是小學生的時候，常被動員去參加俗稱「公審大會」的公開處決。我們就像是要參加校外教學一樣，集結在進行人民審判的體育館裡，像參觀藝術作品似地從頭到尾觀看反革命分子被宣判死刑的過程。

在中國，被宣判死刑的人，會在當天立刻執行公開處決。這些人首先會被拉上卡車，在市內遊街一周；在他們身旁會擺著寫有姓名與罪狀的看板，上面用紅筆打了一個代表「處死」之意的大「X」，好讓全體市民引以為鑑。而我們這些孩子則會騎自行車一路尾隨，一直到看見這些人被處決完畢為止。

膽敢反抗政府的人，會落到怎樣的下場？政府就是要透過這種方式，將恐懼深植於人心。

石平▼觀看公審大會與公開處決時，管控我們的情緒有兩種；其中一種自然是恐懼感，但另一種老實說，反倒是某種類似節日慶典般的氛圍——簡單說，就像是參觀熱門景點般，被一種彷彿祭典的熱烈情緒所籠罩。

文革期間，每逢共產黨黨慶、勞動節、國慶日、元旦等節日前夕，全國各地的大小城市一定會舉行「公審大會」；換言之，在節日前舉行殺人祭典，已經變成了慣例。

矢板▽當時的民眾一般來說沒什麼娛樂，電影相當乏味，歌曲也淨是些歌頌中共的無聊曲子。因此，公審大會就成了宣洩民眾壓力的場域。

石平▼對，就是宣洩壓力！公審大會當天，整個成都有將近五十人被處死；日本人聽了或許會覺得難以置信，但這是千真萬確的事實。

那五十人各自搭上一輛卡車，五十輛車子就這樣載著他們慢慢遊街，道路兩端是萬頭鑽動的群眾，好像在欣賞迪士尼樂園的花車遊行。隔著道路林立的家家戶戶也擠滿了探頭張望的臉龐，這幅畫面簡直就像是整個成都的市民全都跑出來觀看羅馬競技場的演出一樣。

就像剛才矢板先生說的，萬頭鑽動的群眾全都深知反抗共產黨就是如此下場；至於另外的效果，則確實就是一種紓壓。

羅馬帝國提供競技給民眾，中國共產黨提供的卻不是競技，而是殺人秀；更進一步說，羅馬帝國會同時提供麵包和競技給民眾，但共產黨卻不給麵包，只給他們殺人秀——嗯，也有例外啦，國慶日的時候會發一點少得可憐的豬肉……

這就是我們生於斯、長於斯的中國現實；我想，北韓恐怕也是一樣，用這種方式來維持政權穩定吧！像這樣一邊折磨人民、一邊維持政權的手法，就是一種恐怖政治；從另一個角度來說，它其實也在滿足民眾性格中的陰暗面。

大家看完殺人秀的隔天就是節慶；如果是國慶日，還會特別配給每個人半公斤豬肉。於是，當時的中國人民在國慶日前一天享受殺人秀，第二天吃著特別配給的半公斤豬肉，嘴裡連說「真是幸福啊」！——他們就是身處在這樣的世界中。

矢板▽請看下頁所附照片。這是在公審大會被判死刑的囚犯，我曾經採訪過認識他們的人。這三個人是文學青年，在黑龍江省的哈爾濱辦了本名叫《向北方》的雜誌，「北方」指的是俄羅斯。

其實這只是本三人一起創作的文學誌，在上面刊載的也只是他們自己的詩文，但就因為偶然取了《向北方》這個刊名，結果被扣上「蘇聯間諜」的罪名，草率地遭到殺害。

為確保處決人數而誕生的「惡攻罪」

石平▼反過來說，當時的政權並不是因為有敵人存在，所以才舉行處決，而是為了在已成慣例的殺人秀中展開處決，所以非得

文化大革命期間的 1968 年 4 月，在黑龍江省遭到處死的文學青年。他們之所以被處死，是因為出版了一本叫做《向北方》的文學刊物。

確保足夠的犧牲人數不可。

在確保犧牲者過程中扮演積極角色的，是各城市的「革命委員會」。共產黨在一九四九年建立政權以來，便如狂風暴雨般持續進行著「鎮反、肅反」運動*；在這種情況下，所謂「反革命分子」幾乎都已經被連根帶葉給刨出來處死了。儘管如此，每到重要節日慶典時，各個城市還是必須找出一定數量的「反革命分子」來處決。於是，如何確保犧牲者數量，便成了讓處刑方頭大不已的問題。

面對這種情況，各地革命委員會想到的唯一解決方法，便是將「反革命分子」罪名的適用範圍加以恣意擴大。

當時流行的「惡攻罪」，就是從「惡毒攻擊毛主席」這項罪名加以擴大解釋，從而衍生出來的發明。明確譴責毛澤東與共產黨，固然是貨真價實的惡攻罪，但隨著擴大解釋，只要是對毛澤東的政策和政治風格表現出稍許質問

* 編注：鎮反、肅反：「鎮反」是「鎮壓反革命運動」的簡稱，打擊對象是對中共政權有威脅的黨外組織和個人；「肅反」則是「肅清暗藏的反革命分子運動」的簡稱，針對中共政權內部「暗藏的敵人」。

或懷疑，也會被認定為惡攻罪。

舉個簡單的例子：毛澤東一般被讚頌為「人民的太陽」，因此若是有人在談話或詩文中做出貶抑太陽的發言，就會被認定為犯了惡攻罪。

不小心弄髒毛澤東的肖像畫或是語錄、用刊有毛澤東相片的報紙包蔬菜或點火燒飯，也全都犯了惡攻罪——成都那位撿垃圾的老婆婆，就是這樣被處死的。

即使在反革命罪當中，惡攻罪也稱得上是「頭號大罪」，所以判處死刑的理由十分充

文革時期宣傳對毛澤東個人崇拜的海報：「毛主席是我們心中的紅太陽」。

分。自從這種罪名發明以來，各地的革命委員會就不再為「節日前處決」的人數不足而困擾了。

習近平時代，公開處決再次復甦

矢板▽在本章的最後，我想講點日本人聽了會毛骨悚然的事情。

這種公開處決在鄧小平時代一度消聲匿跡，但最近在習近平政權下又再次復甦了。果然，恐怖政治還是相當有效，習近平的政治手法完全仿效毛澤東，連一丁點人權的想法都沒有。

中國處決死刑犯的方式是槍決，然而更殘忍的是，子彈的費用還得由死刑犯家人負擔。子彈錢不便宜，一發要三塊人民幣；有時一發打不死人，必須打上好幾發，對家屬而言是相當大的經濟負擔。

石平▼長久以來，我一直在敲警鐘告誡日本人，關於中國共產黨政權的殘酷；同時，就像剛剛講的，這些都是我體驗過極權主義的恐怖才說出來的親身經歷。然而，對於不懂這種恐怖的日本人，要將箇中意義傳達給他們，實在是很困難。只是，不管看中國也好、還是北韓也好，我們都必須理解，對該國人民而言，這些都是家常便飯的現實啊！

第三章
日中蜜月期的八〇年代

就讀北大哲學系卻被父親懷疑是共產黨打手

石平▼在第二章，我們討論了毛澤東時代的黑暗中國；到了這一章，我想把重心放在八〇年代朝向民主化邁進的中國，以及在那個堪稱日中蜜月期的時代裡，我們兩人又是如何看待中國與日本的關係。

矢板▽的確，對於只知道現在這個「反日中國」的日本人而言，要想像八〇年代的中國人竟然曾經熱愛過日本，實在是件相當困難的事。不只如此，當時的中國也充滿了向民主化邁進的希望。石平先生您進入北京大學就讀，也是一九八〇年的事對吧？

石平▼沒錯。我在八〇年的高考中，一次就成功過關。當時中國的大學考試分成文科和理科兩類，但我對包含數學在內的理科一竅不通，因此便以文科為目標；但是在大學教授物理學的父親卻認為念文科的人都會變成馬克思主義者、沾染意識形態，所以強烈反對。

儘管遭到父親如此，我還是喜歡文科，所以在參加高考的時候，按自己的意願填寫了想就讀的學校。當時沒有複試，所以一次高考便決定了結果；當然，大學也有等級之分，有一流大學、也有二流大學，更有所謂「重點大學」，以及其他按共產黨標準排序的大學。

我在志願欄裡填了北京大學，但沒有填上哲學系；然而，最後我還是選了哲學系。為此，父親再度勃然大怒：「你選什麼鬼哲學啊！」我想，父親一定是認為我進了哲學系，將來鐵定會變成共產黨意識形態的宣傳打手吧！就像前面說過的，我父親曾經在大學裡擔任過共產黨支部的副書記，但之後對共產黨感到幻滅，於是下定決心，「此生再也不碰政治」。

儘管和父親爭執不斷，我還是進了北京大學。當時的中國哲學清一色講的都是馬克思主義——當然為了理解馬克思主義，也會多少教一點黑格爾與康德。我在那裡也學了英國經驗主義，但在大學四年生涯中，幾乎大半的時間，我都埋首在民主化運動當中。

大學生活的關鍵字就是「民主化」

石平▼當時中國的大學生入學後，大多必須住在校內的學生宿舍。房間當然是大通鋪，一個房間大概十五平方公尺，可以容納八個人一同生活。房裡設有四張上下鋪，在正中央擺著一張長方形的桌子，這就是所有的一切。至於生活所需，像是餐廳、雜貨店和書店，大學裡幾乎一應俱全，因此並不怎麼需要踏出校園。

校園是男女分宿，女學生都住在另外的女生宿舍。我們雖然都對女生宿舍嚮往不已，但也不是隨便就能踏進去。說到底，校園戀愛是禁忌，而且北京大學的女生也不多，所以當我們推動民主化運動的時候，常常跟女生比較多的師範大學攜手合作（笑）——雖然說是搞民主，不過也有一部分是另有企圖啦！

若是說到我們當時的生活是怎麼一回事，那就是四個字：「拚命用功」。畢竟我們是從進入大學之後才開始吸收到各式各樣的知識與資訊，未知的東西想當然一定很多，所以非得拚死用功不可。

但是到了晚上，我們的生活就變得相當有趣。寢室在晚上九點就得熄燈，但我們八個大男孩都不肯乖乖睡覺，總是談論著關於天下國家的種種。大家慷慨激昂地談論民主化、或是這個國家將會變成怎樣，一談就談上兩個小時。談到有點累的時候，就會有某個人轉移話題，講起關於女孩子的事，然後又繼續熱烈談論兩個小時，才終於沉沉入眠——我們幾乎每天都過著這樣的日子。

北京大學因為是民主化的根據地之一，所以學生大多在努力用功的同時，也認真思考著中國的民主化問題，當然也會舉辦討論會。

文化大革命結束後，在對既有思潮的反彈下，具備新思想的知識分子相當受到歡迎。劉賓雁[*]和王蒙[**]是當時言論界的巨星，也是精神領袖；當他們來

* 編注：劉賓雁（1925-2005）：曾任《人民日報》記者，被譽為「中國的良心」。他曾寫道「共產黨管一切，唯獨不管共產黨。」劉賓雁不斷揭露中國官員貪腐，並公開要求中國共產黨推行自身改革。一九八七年一月正式被鄧小平開除，成為黨內反對資產階級自由化的批鬥典型。

** 編注：王蒙（1934-）：曾任中華人民共和國文化部部長、中國作協副主席等職。青年時期曾發表小說《組織部新來的青年人》，被打成右派；一九七九年被中國共產黨平反。

北京大學演講的時候，大學生總會擠破頭前來聆聽。

在我剛進入北京大學就讀的時候，北京市舉行了人民代表選舉。以往的代表都是共產黨高層指名派任，這時因為鄧小平剛開始推行改革開放，便試驗性地舉行了人民代表選舉。北京大學也是選區之一，候選人沒有資格限制，任何人都能出馬角逐；現在旅居紐約的王軍濤*和胡平**，當時就是北京大學的候選人。

老實說，就算在這場選舉裡當選，也沒有任何實質意義；但是他們的出馬角逐，一口氣點燃了民主化運動的火焰，這也是事實。透過這件事，我們頭一次知道，能夠選舉屬於自己的代表，是多麼美好的一件事。

若是前往他們兩人的演講場合，會發現除了「打倒共產黨」以外，其他的

大學時代的石平，熱中於民主化運動。

口號全都聽得到——當然，誰也不敢這麼大膽，直接講出要打倒共產黨的。

就這樣，我們日常生活的基調完全沉浸在民主化當中，從一九八〇到一九八四年的四年大學生活，關鍵字一以蔽之，就是「民主化」。

對區選舉參選者的刻意找碴

矢板▽中國的民主化，對於從二〇〇七年春天到二〇一六年底這十年一直逗留在北京的我而言，也是相當重要的採訪題材。中國的法律規定，選舉是採間接民主制；以北京市為例，首先要成為區的人民代表大會代表，再經過區代表投

---

* 編注：王軍濤（1958-）：現居美國紐約。一九七六年四月十六日，時年十七歲的王軍濤因在清明節組織兩個班學生到天安門廣場活動，並張貼四首詩詞，被四人幫勢力指定為反革命事件的幕後策劃者、現場指揮者和反動詩詞製造者，第一次被捕入獄。一九九一年，王軍濤獲頒國際新聞自由獎。

** 編注：胡平（1947-）：現居美國紐約。一九六六年高中畢業，適逢文革，一九六九年於四川渡口市下鄉。後考入北京大學哲學系研究生班，並投入民主運動。現任《北京之春》榮譽主編、中國人權執行理事等職。

票成為市代表，最後再從市代表進入全國人代，大致上就是按這樣的流程走。

第一階段的區級選舉雖說是直接投票，但基本上如果沒有共產黨提名，那是絕不可能當選的。在石平先生剛剛講的八〇年代，有形形色色的人出來挑戰這種選舉；比方說劉少奇的兒子劉源就從師範大學出來參選，結果在角逐候選人的過程中被刷掉了。當時確實有很多抱持理想、希望實現中國民主化的人，但是就像前面說過的，自從一九八九年的「天安門事件」後，這一切就全都改變了。

然而，最近的幾次選舉中，又開始有其他候選人冒出來。只是和八〇年代不同，這些人多半是土地被強制徵收的人，或是上訪者為了控訴自己對地方政府的不滿，而跑出來參選。

但中國政府對這種舉動抱持著嚴密的警戒態度，當這些候選人撥電話給像我這樣的新聞記者時，所有的對話都會遭到竊聽。如果上訪者準備參選的企圖事先被當局得知，就會遭對方搶先一步鎮壓下去。因此，直到彙總所有推薦者名簿、提出參選申請日前，大家都會守口如瓶。

對此，我也盡量在不被察覺的情況下小心採訪，如果先刊出報導，絕對會讓受訪對象的參選計畫遭到摧毀，所以我都是配合申請書遞上的時間來撰寫報導。然而，縱使我以為「解禁了」而寫出報導，但結果還是遭到鎮壓的情況，依舊屢見不鮮。

回過頭來看，石平先生投身的八〇年代民主化，抱持的是一種想讓中國成為民主國家、或是致力解決人權問題之類的崇高理想。最近的參選者並沒有高舉這樣的理想，而是清一色強調更現實的訴求，比方說「歸還被強奪的土地」之類，相當實在的要求。

事實上，就我採訪的狀況來說，現在這種訴求方式對共產黨政權反而是個明顯的威脅。畢竟，人民的不滿如果透過這種投票直接呈現，總會有人不小心當選，而這正是共產黨所害怕的。

因此，地方政府對這些參選人不斷找碴。比方說，在我採訪的對象當中，有一位成都區全人代的參選人，他的兒子是一位網球選手，卻不被允許參加省級網球比賽，還被取消獎學金；簡單來說，就是用各種手段對參選者的家人施壓，這種手段相當卑鄙。結果，這些人往往最後都只能選擇退出選舉，以保全他人。

石平▼讓我把話題轉回八〇年代的北京市人民代表選舉。這樣的選舉其實只辦了一次，而對當時高唱民主化的我們來說，究竟該為它設下怎樣的具體目標、又該描繪出怎樣的計畫表，則是全然一竅不通。

只是，直到「天安門事件」為止，整個八〇年代期間我們確實感覺到「這個國家正在漸漸變好」。那不是一種「被動變好」的感受，而是一種「靠我們自己的力量讓它變好」、主動積極的感受。

儘管如此，在八〇年代的時候，我作夢也想不到自己有一天居然會變成日本人。

讓八〇年代中國為之傾倒的日本大眾文化

石平▼可是，八〇年代的中國和日本其實關係相當密切。

鄧小平為了推動改革開放，急需引進外國的技術、資金，以及尋找近代化的典範，放眼的首要目標就是日本。日本既有技術、也有資金；而且在中國必須廣泛吸收學習的近代化方面，日本也是相當理想的典範。

當時的中國擬定了名為「四個近代化」的國家計畫，也就是在工業、農業、國防、科學技術等四個重大領域上，達成國民經濟的近代化。

矢板▽說到底，八〇年代的中國其實一直處在經濟危機的重擔下，既沒有外匯，賴以為生的石油生產力也下滑，結果變成不得不依賴日本。

石平▼中國對日本的渴求不止如此。在大眾文化方面，他們也一樣嚮往日本。事實上，在八〇年代風靡中國、對中國人產生巨大影響的，不是好萊塢或美國，而是日本——這是我們這個世代的切身體驗。

之所以如此，是因為中國經歷文化大革命與毛澤東死亡後，到了改革開放時代，大眾文化幾乎等於零。直到邁入八〇年代為止，中國文化全都是政治文化，完全不具備任何可以滿足人類欲求、或是填滿人心的要素。

毛澤東時代的電影和戲劇，全都是為了政治教育而創造出來、歌頌革命英雄的作品，完全看不到任何表現人類情感之處。因此，有血有肉、具備人性的表現手法，一開始大多是從日本引進的。

當時中國翻譯並上演了相當多的日本電影，像是高倉健主演、以北海道為舞台的《追捕》（君よ憤怒の河を渉れ），在日本其實並不是賣座強片，在中國卻造成轟動。又或者如山口百惠主演的電視劇《紅色系列》（ドラマ・赤いシリーズ），中國人透過這套戲劇，初次接觸到人性的世界，從中體驗到刺激。接下來，日本歌曲和動畫也陸續輸入中國，使中國人為之傾倒。

矢板▽我也經常看日本動畫，像是《原子小金剛》和《一休和尚》，幾乎什麼都看。

風靡中國年輕女性的高倉健

石平▼《追捕》確實相當轟動，還有《遠山的呼喚》（遙かなる山の呼び声）也相當受歡迎，一樣由高倉健主演，導演是山田洋次，倍賞千惠子也有演出。*

這部也是以北海道為背景，描寫寡婦與孩子的牧場故事。

《遠山的呼喚》上映的時候，中國人都為其中充滿人性的故事所感動，票房紀錄更超過《追捕》。透過這兩部電影，主演的高倉健也成為整個八〇年代裡，中國年輕女性最憧憬的對象。

不知矢板先生是否記得，當時中國男人普遍困窮，所以年輕女性選擇對象的優先條件，其實是高大的身材；如果身高

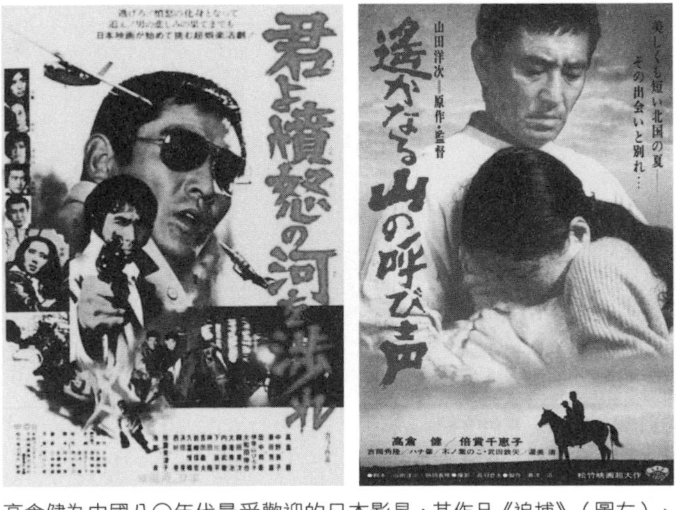

高倉健為中國八〇年代最受歡迎的日本影星，其作品《追捕》（圖左）、《遠山的呼喚》（圖右）在中國均創下佳績，電影並傳達出北海道獨有的北國風情與鐵漢形象。

＊編注：山田洋次是日本國民電影《男人真命苦系列》的導演，倍賞千恵子則是該系列固定的女主角。

不到一百七十五公分以上，基本上她們是看不上眼的。

矢板▽全都是高倉健的錯啦，我也是受害者啊（笑）！

石平▼身材高大、而且沉默寡言的傢伙是最受歡迎的，因為高倉健就是這種類型。矢板先生很幸運，中學時期就回到日本，受害沒有那麼嚴重，我可是直到二十六歲都深受其害喔！所以說你早點離開中國其實是好事，才不會像我到二十六歲還完全沒人要啦（笑）！

顛覆中國人對資本家刻板印象的《阿信》

石平▼在這之後，又有一部對當時中國人的人性觀與價值觀產生重大影響的日本電視劇上檔，那就是《阿信》。《阿信》是在中央電視台進行全國播映，我不知道有沒有剪片，不過應該是沒有什麼需要剪的地方才對。《阿信》幾乎稱得上是風靡一世，每到電視開始播映《阿信》的時候，外頭簡直萬人空巷，都準時回家報到。

矢板先生對這幾部電視、電影有印象嗎？

矢板▽嗯，我記得非常清楚。石平先生所舉的這些作品徹底瓦解了中國人一直以來的價值觀，有其正面意義。

首先，《追捕》的故事內容雖然是在描述一位因不實罪名遭到追緝的主角，但同時也在告誡眾人，代表國家權力的警察其實也會犯錯。對共產黨政權來說，這應該是部大犯忌諱的作品，但放映之後卻大為轟動，在中國的觀影人數據說高達八億人。

另外一部讓我印象深刻的作品，是同樣由高倉健、倍賞千惠子主演，以北海道為背景的《幸福的黃手帕》（幸福の黄色いハンカチ）。對中國人來說，這種情感真摯的戀愛故事，他們還是頭一次品嘗到，中國在此之前根本沒有這類型的作品——中國的革命劇裡，並不存在男女之間的戀情。因此光是這樣的電影，就已經足夠讓人產生深刻的感動。

石平▼中國的革命劇裡所有角色都是單身，反派也是單身，就連郭建光*之類的英雄，大抵而言也都是單身。

矢板▽這些作品還是《阿信》給人的衝擊最大，透過這部戲，「在資本主義下努力致富，並不是什麼壞事」這項道理首次傳達到中國人的心中。

石平▼我們接受的教育一直都說「資本主義是殘酷無人性的」，可是這部劇的主角阿信雖然身為資本家，卻是一個充滿人情味、很能洞察人性的人物。

矢板▽因為中國人受的教育向來是「有錢人都是壞蛋」，所以當決定《阿信》是否要在中國上映的時候，應該經過相當嚴密的政治審查才對。共產黨或許判斷這部作品「沒什麼問題」，但實際上《阿信》隱藏的訊息就是對中國共產黨教育的完全否定，其衝擊堪稱巨大無匹。

石平▼在我們所受的教育、以及一直以來所見的電影中，資本家總是滿腦肥腸、吸食鴉片、把勞工當成奴隸使喚、極盡奢華的大壞蛋。所以才說這部電視劇明明連一句「反對共產黨」的話都沒有，卻從根本顛覆了共產黨長期灌輸的意識形態。

矢板▽中國人真的是透過日本文化才得以醒覺過來，也正因如此，當時完全不存在所謂「反日」的氛圍，一絲一毫都沒有。

不只如此，當時中國政府的所作所為跟「反日」也完全背道而馳。七〇年代時，中日戰爭的直接受害者（比方說家屬遭到日軍殺害的人）都還活著；當這些人進行反日運動的時候，便會遭到中國政府的鎮壓。簡單說，那是一個天平傾向日本的時代。

＊ 編注：郭建光為樣板戲《沙家濱》的角色名。《沙家濱》為文革時期的一齣京劇名，由紀實文學《血染的姓名》改編，背景地點在中國江蘇常熟市郊區的沙家濱，本劇描述抗日戰爭期間，一批新四軍傷病員在郭建光的帶領下潛伏養傷，智擒日本軍的故事。

石平▼就政府的立場而言，中國為了推動改革開放政策，必須跟日本保持良好關係，從而引進日本投資、學習日本技術，因此批判日本是相當不恰當的事情。

矢板▽當時政府大力宣傳的，都是像一千多年前鑑真和尚花費十年遠渡日本、宣揚佛法之類的事蹟。

歷史教科書上的小林多喜二與大鹽平八郎

矢板▽大半的讀者應該都不知道，在我學習的八〇年代中國中學生歷史教科書中，是有日本人登場的。有趣的是，這位登場的日本人竟是無產階級文學家——小林多喜二；說到日本的文學家，他可是代表人物之一。著有《蟹工船》*、遭警察拷問而殺害的小林多喜二在中國被視為「共產黨的夥伴」，在教科書裡擁有英雄等級的待遇。

除了小林多喜二，還有一個讓人意外的人物也出現在教科書裡，那就是在

「天保大饑荒」[**]之際，揭竿叛亂的大鹽平八郎。他雖然是歷史人物，但現今在日本的評價大多頗為負面。

可是，中國教導大眾的歷史自有一套模式，那就是認定「社會必定會逐漸發展」的進步史觀。按照這種史觀，首先是原始社會、接著演變成奴隸社會、然後歷經封建社會、資本主義社會，最後成為共產主義社會。

他們宣稱，社會必定會按照這樣的進程發展，而且不只是本國，外國的歷史也與之完美符合；因此按照中國的解釋，大鹽平八郎代表的就是「資本主義的開始」。這種詮釋歷史的方式，要是讓日本熟悉大鹽平八郎生平事蹟的人看了，大概都會大惑不解吧！可是，中國就是不分青紅皂白硬套這層關係。

至於「明治維新」，中國的教科書則是寫成「不完全的資本主義革命」；雖然完全看不懂這是在解釋什麼，但他們就是這樣教導大眾的。

* 編注：《蟹工船》為日本作家小林多喜二於一九二九年發表於《戰旗》雜誌上的小說，小說的特點是沒有特定的主角，以描寫被過份勞役而貧窮的勞動者們為對象，被認為是無產階級主義文學的代表作。

** 編注：天保大饑荒為日本江戶時代後期的一場饑荒，發生於一八三三年（天保四年）至一八三六年（天保七年），曝露幕藩體制的困境，爆發大鹽平八郎之亂在內的動亂。

維新之後不久，日本也進入共產主義階段，代表人物就是小林多喜二——這是中國教科書的論點。這是因為一九六六年以降，中國共產黨與日本共產黨的關係日益惡化，與當時擔任日共總書記的宮本顯治*更是相互敵對。為此他們才另外找尋適合的對象，結果選中了小林多喜二，並將他納入官方教材之中。

石平▼共產黨一直洗腦大眾說：社會必定會產生進化，歷經奴隸社會、封建社會、資本主義社會的演變後，最終進化的型態就是共產主義社會，而進化的原動力就是階級鬥爭；不管小林多喜二也好、大鹽平八郎也好，都和這種鬥爭密切相關。

矢板▽總而言之，中國人就是被這種不知所謂的歷史觀給教出來，並以此理解日本的。

獲得中國政府認可的山口百惠

石平▼讓我們把話題拉回到《阿信》。「國家進化的原動力是階級鬥爭」這種共產黨的謊言，隨著這部電視劇一出，徹底遭到瓦解。中國人民熱烈收看的這部電視劇，裡面完全沒有提到階級鬥爭，更不用說反革命分子了。

八〇年代的中國可以用一句話總結，那就是「啟蒙時代」。如前所述，毛澤東時代的中國是黑暗時代；當中國從那種黑暗中解放出來後，接著到來的便是受日本文化啟蒙的時代。八〇年代這個世代的人們，大多受到日本的影響。

即使是我們這個世代，只要吃飯聊起八〇年代日本文化的時候，都會聊到日本明星和偶像，對他們的名字也是如數家珍，整個氣氛便一下子熱絡起來。當時，中國幾乎沒有人不知道高倉健、倍賞千惠子和山口百惠，但對日本

＊編注：宮本顯治（1908-2007）：一九三一年五月加入日本共產黨，在日共中央負責政治宣傳工作。戰後自一九五八年開始擔任日本共產黨黨書記長，為日本共產黨最高領袖，影響力長達四十年之久。

首相的名字，卻一問三不知。

矢板▽說到底，日本偶像登場的電視節目，還是必須經過中國政府的「認證」，這點是始終不變的。政府一貫的態度就是「看了這個人沒關係」、「山口百惠看了沒關係」，然後才讓人民觀看經過認證許可的偶像，所以除了這些人以外，中國人才會對其他偶像都一無所知。

第四章
人生的轉機、認同的克服

從認同的混亂中脫身

石平▼我想在這裡問矢板先生一個問題：你的根在日本，卻在中國度過少年時代，然後又在八〇年代接觸到日本文化，並受其影響。我想了解一下，當時你是怎麼考量自身定位、或者說是怎麼看待自己的認同呢？

矢板▽就我的個人經驗來說，認同混亂一直持續到二十歲左右。當時我完全不知道自己算是日本人還是中國人；即使回到日本，這樣的狀況依舊持續著。

二十四歲大學畢業後，我就進入松下政經塾就讀。如前所述，我以成為日本政治家為目標；我認為日本的政治家很了不起，因此在政治方面特別下苦功。而當我在松下政經塾就讀的時候，這種不知該歸向何方的認同相當不好受，比方說看足球和排球比賽時，我就不知道究竟該為中日哪一方加油才是對的。

我心想：如果不積極去擁抱日本認同，那是絕對不行的，於是在觀看中日足球比賽之前，把日本選手的名字全都背下來、又看了日本隊所有的比賽錄影帶，企圖讓自己對日本隊產生一種家人般的親近感。儘管中國隊當時比日本隊要強上不少，但我就是刻意不去看他們的資訊。透過這樣的自我要求，我才慢慢讓自己的認同傾向日本一邊。

石平▼實在是相當艱鉅的精神鍛鍊啊！這其中也有受到語言問題的影響嗎？

矢板▽這倒不會。當時我在運用日語方面已經沒什麼問題了，所以認同問題跟語言並沒有關係。

在錯誤中不斷嘗試，終於記住的日語

矢板▽因為我回到日本之後讀的是普通公立中學，所以日語的學習是在各種環境下，透過犯錯、反覆嘗試來記住的。像是我在中國就打過桌球，所以進入桌球社參加比賽時總能輕鬆取勝；這時候社員就會連連讚嘆，直說「強い、強

15 歲時的矢板明夫。回日之後轉入千葉市的中學就讀。

い」*。原來「強」這個日文單字就是「很厲害」的意思……，於是我就把它記下來了。

但是在其他情況下，這個「強」又有截然不同的使用方式。比方說工藝課要製作椅子的時候，要是我拚命敲打椅子，老師就會對我說「強い」，我以為老師是在誇獎我，於是敲得更加起勁，但事實上是我敲得過猛，老師在告誡我「手勁輕一點」呢！

就像這樣，我一直在錯誤中反覆嘗試。

石平▼你剛進中學的時候，有被霸凌或是被人排擠嗎？

矢板▽當然有，但是打架一點都難不倒我，要是我被打，就會狠狠打回去，就算對方人多勢眾，我還是會動手反擊，總之絕不會默默被人欺負。只要這樣做，對方以後就不會再上門找麻煩，也不會再主動挑釁了。

總之，我絕不是那種遭到霸凌還不反抗、也不動手反擊的小孩。若是對方知道你不會反抗，只會更加得寸進尺而已；但被打三拳就還擊一拳的話，對方也會感覺有點吃不消吧！

不只是打架，我在各方面也都相當認真。當初因為不懂日語，所以就算開始上課，還是不知道這堂課上的究竟是生物還是物理，往往都要經過十來分鐘，我才明白到底在上什麼科目。

但過了一段時間，我也逐漸能跟上課程進度了。我們學年共有五百五十多人，

17 歲時的矢板明夫。攝於日本家裡。一旁的電視裡正播放矢板明夫演講比賽後的得獎採訪。

＊編注：原文日文寫作「強い」。

考試結束後會張貼大家的成績順位。一開始我的成績幾乎完全不行，五科加起來連一百分都不到，只有數學還勉強能看看；但就算這樣，我還是排在五百三十名左右，一想到在我後面不知道為什麼還有十幾個人，就忍不住想笑。之後隨著考試一次次進行，我的名次也不斷提升，先是一百名、接下來又竄升到五十名，不由得讓我樂在其中，越來越起勁。

現在回想起來，剛到日本的時候實在是辛苦，可是當時完全沒去想這些，就只是拚命努力而已。

在嚴密監視的大學裡展開秘密啟蒙運動

石平▼我和日本的緣分，事實上是在極為偶然的情況下締結的。

在當時的中國，只要能從大學畢業，不需要特地找工作，政府就會幫你分配工作。一九八四年，我被分配到老家四川省的四川大學哲學系擔任助教；助教主要的任務是輔助教授和講師，對大學生進行「指導」。

當時我仍然對民主化運動懷抱熱情，所以這份工作在我眼中正是盡情展開「民主理念啟蒙」的最佳機會。雖然在教室裡不能明目張膽這樣做，但我還是設法從微薄的薪水擠出錢來，到市場買些便宜的酒和雞肉丸子帶去學生宿舍。透過喝酒吃飯，展開對他們的啟蒙；而且不只對我班上的學生，在他們的介紹下，我也走訪了別班學生的宿舍。

這項秘密啟蒙活動不久也傳到教授和講師耳中，不過他們對此都抱以包容的態度。只是教授也提出建言，警告我說：「你要小心一點，要是被大學的黨委員會知道的話就糟糕了。」結果某一天，還在進行秘密啟蒙活動的我，果然被系上的共產黨支部找去，並受到黨支部書記的嚴厲警告。

教授後來語重心長地說：「我能理解你的活動，但我也有自己的立場要顧，所以只能叫你停止了。」和我一樣受到嚴厲告誡的學生們也明顯開始遠離我。就這樣，我的計畫完全走入死胡同。

這種苦悶的日子一直持續著，有段時間我還真想辭職回北京，和朋友專心搞運動；但是那個時代的中國，是不允許自己「轉行」的，要是辭掉公職，就只有流落街頭。所以我只好帶著悶悶不樂的心情，繼續留在大學裡面。

意外降臨的日本留學機會

石平▼這時，一個意外的轉機突然造訪：是我一位相當親密的好友從大阪大學的研究室寄來的一封信。這位好友念的是理科，他從清華大學畢業後，便被政府派遣到日本留學，這時已是他留學的第三年。

朋友在信上邀請我說：「你要不要來日本留學？如果來了，可以先幫你代墊半年的生活費和學費，之後再還也沒關係喔！」

對每天過著憂鬱日子的我來說，這封信真是從天上掉下來的禮物，這機會對我來說更是千載難逢。於是我下定決心，回覆這位朋友說：「好，我知道了，我去！」這就是一切的起點。

要學些什麼，又要去念哪一所大學？儘管一切都還沒決定好，但對當時的年輕中國人而言，留學確實是人生的一大轉機，而且還不是去未開化的非洲，是令人嚮往的日本——不只是先進國家，還是大眾文化中耳熟能詳的國度。要是放棄這個機會就太可惜了！

於是我透過那位留學大阪的好友，拜託與他同研究室的日本友人的雙親替我作保，我終於成功渡海來到日本——這時是一九八八年的春天。

我前往日本的旅費是北京大學的朋友幫我籌來的，搭乘的交通工具也不是飛機，而是價格比較便宜的客輪。當時在大阪、神戶和上海之間，有一艘名為「鑑真號」的客輪往來。它的運費雖然便宜，但航程需要兩天。當年鑑真越過東海向日本前進時，大概也是走同樣的路線吧！

搭上鑑真號這件事，堪稱是我人生的轉機。只是現在回想起來，如果朋友不是在日本、而是在美國留學的話，那我應該會前往美國吧！再轉念一想，如果當時沒有他的邀請，現在的我又會在哪裡呢……？

來到日本求學的石平，內心深處懷抱著隱藏的情感。攝於京都映畫村。

在大阪打工時感受日本人的友好

石平▼不管怎樣，來到日本必須做的第一件事就是學日語。剛開始的第一年，我在大阪的日語學校進修，從最基礎的日語母音「あいうえお」開始學起。

至於日語學校的學費，全部靠打工來填補。幸好當時日本正處在泡沫經濟的尾聲，不只打工機會多，時薪也很高。到現在我還記得，那時候的時薪是日幣九百圓到一千圓，薪資和三十年後的現在相比也毫不遜色。

我工作的地方在大阪的鬧區，梅田曾根崎地區的一家居酒屋。每天從傍晚五點到晚上十一點，整整六個小時，就在地下一樓的廚房無止盡地洗碗。

中國在九〇年代江澤民執政的時候，「反日教育」相當盛行；當時教導的內容總是說日本人怎樣又怎樣地虐待中國人，但事實上，在我打工的廚房裡，所有的日本人都很親切。正因為知道我是外國人，他們總是相當體貼，相較之下，他們對自己日本人反而相當嚴厲；當日本打工仔出了什麼差錯時，就會劈頭挨上師傅一句「混帳東西」，但我在打工的時候，卻從來沒被這樣罵過。

當我回到中國把這段經歷告訴大家，卻沒有半個人相信，接著一定會出現下面這樣的問句：「你在日本很辛苦吧？」當我反問，「為什麼這樣說呢？」對方就會投以同情的目光，然後說：「畢竟一定每天都被虐待嘛！」要是我繼續堅持說：「不不不，我完全沒有被虐待啊！」他們就會回應：「唉，我知道、我知道，總之你就是不想告訴人家過得很辛酸嘛，我能理解的！」就這樣，雙方的對話完全沒有交集。

在「中國歸國者定居促進中心」發生的種種

矢板▽我回日本的時間，跟石平先生一樣是一九八八年。當時，日本遺孤和他們的家人都會被送進位在埼玉縣所澤市的「中國歸國者定居促進中心」，那裡大約有三百人，聚集了大概超過五十個家庭。

我們一起在那裡度過為期四個月、為了適應日本而不斷學習的生活。

一九八八年正是日本泡沫經濟的最高峰，我到現在還記得，附近群馬縣和長野縣的中小企業老闆常會開著小巴士到中心招募員工，畢竟當時人手相當不足。

「我們正缺人力，來我這裡工作的話，可以淨賺二十五萬圓喔！」老闆們如此勸誘著。在他們的引誘下，有些人中途就離開了定居促進中心，還引發不小的騷動。

另一件有趣的事情是歸國者第一次接受健康檢查時的狀況。我們家因為來自天津，所以沒什麼問題，但是大多數的歸國者都是住在中國東北地區，所以一輩子沒有做過健康檢查。當抽血結束後，我聽到他們這樣相互交談著：「那些傢伙，一定是要拿我們的血去賣啦！」「對，偷我們的血！」「把我們的血還來！」之後還演變到靜坐抗議的程度，更嚴重的結果是，他們以後總是疑心被騙，再也不相信了。

日本的遺孤問題，實在相當複雜難解。有些人選擇回到中國，至於其他留在日本的人當中，也有人到最後還是不會說日語。

而我自己的認同問題也是到了進入松下政經塾，立志成為政治家之後，才總算是塵埃落定。

人生最大的轉機——天安門事件

石平▼我在大阪的日語學校打好基礎後，在第二年、也就是一九八九年的四月，進入神戶大學研究所，修習碩士課程。

我的人生在這一年又面臨一個轉機。仔細想想，在這之前其實我已經面臨過許許多多的轉機：四歲前往農村是一個轉機、進入北京大學是一個轉機、來到日本又是另一個轉機，但在我人生中最大的轉機，毫無疑問就是一九八九年六月的「天安門事件」。

一九八九年四月十五日，對民主化運動表現出理解態度的中國前總書記胡耀邦逝世。以他的逝世為契機，一度沉潛的中國內部民主化運動一口氣升溫，以燎原之勢爆發開來。

在日本的中國留學生也覺得自己「無論如何都該做些什麼」，於是紛紛號召響應。在我就讀的神戶大學，以及近畿地區的大阪大學、京都大學，抱持同樣理想及志向的夥伴相當多；他們幾乎都是跟我一樣，在八〇年代前期進入中國的大學就讀、並參與民主化運動的人士。這股運動一瞬間便形成了橫貫京阪神的聯合組織，我也成為神戶地區的領導者之一。身處日本的我們，能做的唯一事情，就是每天到位在大阪阿波座的中國總領事館前大聲抗議。

總領事館的館員大多也同情民主化運動，因此總會從總領事館的窗口向我們揮手，不禁讓我們有一種「不知敵人身在何處」的感受。那時日本媒體每天都有播送大量的中國情報，我們心裡也洋溢著激昂的情緒，認為「這樣下去，革命一定會成功」。北京大學的夥伴也會打電話或寫信來，激勵我們說：「這次一定能夠實現長年以來的夢想！大家一起努力吧！」

可是在歡喜和希望達到最高潮後不久，我們立刻就目睹了地獄。六月四日，爆發了被稱為「血腥星期日」、震撼世界的「天安門事件」。那晚幾乎所有留學生都聚在有電視機的夥伴家中，一動也不動地凝視著轉播畫面。

那晚所發生的事、在這之前之後的事、還有當時自己的體驗與想法，實在無法用言語道盡；恐怕我在這一生中，都不會在公開場合說出口吧！我以前曾經寫過這樣一段文字：

那一天，在鄧小平的子彈前倒下、遭到殘酷剝奪年輕生命與青春夢想的，全都是我過去的同志與夥伴。後來我得知，有好幾個曾經和我一起喝酒、一起暢談的朋友，也加入了犧牲者的行列。

他們曾經坐在我面前、對我闡述夢想與理念、向我展露青春的笑顏，還在彼此握手間，讓我深深感受到男子漢強而有力的手勁。他們確實是曾經活在這世上、曾經存在過的人啊！

然而就在那一天，他們突然遭到了殺害。

他們死了！明明沒有任何罪過，只是燃燒著高遠的理想、懷抱著對祖國的熱切期盼，結果卻遭到了殺害！

直到現在，我都還記得他們的一切─名字、出身地、當時的學年、所屬系別，全都清清楚楚地記得；然而，唯一怎樣也想不起來的，就是他們的面容。不管我再怎麼努力，都無法回想起來。

恐怕是我在潛意識中隱藏的「自己」讓我想不起來的吧！要是面對他們的臉龐，我恐怕會把持不住自己的心緒。

那是我作為一個人，必須永遠封閉在心底最深處的悔恨記憶，也是到死都無法碰觸的心靈傷痕。要是稍微碰觸到的話，鮮血恐怕就會汩汩流出吧！

因此，我實在無法再講更多了。

（摘錄自《為什麼我要捨棄「中國」》〔私はなぜ「中国」を捨てたのか〕，Wac社）

我們的民主化運動並沒有特別敵視共產黨，中華人民共和國徹頭徹尾都是「我們的國家」，我們只是想透過實現民主，來讓它變得更好罷了。可是邪惡的並不只有毛澤東而已，就連改革開放的鄧小平，在面臨到威脅共產黨獨裁體制事態的瞬間，也會立刻露出殘忍的本性。

這樣說好了，就連在黑暗的毛澤東時代也不曾見過的恐怖景象，如今卻成了事實。共產黨出動軍隊和戰車，「占據」自己的首都，對一個又一個目標加以掃射，或是乾脆用戰車輾壓自己手無寸鐵的學生與市民。

正因如此，我在那個晚上迎來人生最大的轉機。就結論而言，那晚我對自己迄今為止的所作所為做了全面檢討。我認為，為了那個國家、為了中國而奮鬥已經毫無意義，今後自己不會再為中國做任何事了——簡單來說，我要徹底斬斷和中國的緣分。

天安門事件後，完全停滯的政治改革

矢板▽對於「天安門事件」，我的關心程度當然相當高。如果我還在中國念高中的話，可能也會去參加某一場的運動吧！但正因為我實際上身在日本，所以某種層面上，反而能夠冷靜看待這件事情。

之後，當我成為新聞記者、派駐北京時，也曾試圖自己去發掘真相，了解「『天安門事件』究竟是怎麼一回事」。

當時我四處走訪身在北京、被稱為「天安門母親」的遺族

「天安門母親」運動為「天安門事件」死難者家屬組成、要求中國共產黨平反八九民運的組織。圖為 2019 年事件三十周年時的齊聚照。（圖片來源：「天安門母親」官網：tiananmenmother.org）

們，也和許多了解此事件的人結為莫逆之交，聆聽他們的故事。去年過世（二〇一七年七月十三日）的劉曉波，我也不只一次前往他家叨擾，仔細聽他講述當時的狀況。

我認為「天安門事件」在極大的意義上改變了中國。基本上鄧小平推動的改革開放，是政治改革和經濟改革同步進行，特別是後來失勢的趙紫陽更是相當熱心於政治改革；但隨著「天安門事件」的爆發，政治改革的潮流完全遭到了阻斷。

經濟改革也一度中止，但在一九九二年鄧小平的「南巡講話」*後，又重新展開。原本不只經濟，就連政治改革也必須一起推動才行，但在中國，政治卻日趨閉塞、遭到壓抑，只有經濟改革急速發展。

中國一位接受我採訪的知識分子這樣說到：「經濟改革與政治改革明明是一組成對的手套，現在卻只有一隻手套日益發熱，另一隻則是徹徹底底冷卻。從這點來看，我認為中國是個非常扭曲的國家。」

從中國歷史上消失的前總書記趙紫陽

矢板▽我派駐在北京的時候常去一家理容院，負責替我剪頭髮的是位河南省出身的女孩。去了幾趟之後，我們漸漸變熟，也聊了開來。她大概只有二十二、三歲，我問她：「妳是從河南哪裡來的呢？」她回答道：「滑縣。那是一個啥都沒有的地方……」接著又說：「就連半個名人也沒有。」

但事實上，趙紫陽就出生在那裡。所以我又問她說：「那裡不是趙紫陽的故鄉嗎？」結果她反問我：「趙紫陽？是香港的哪個歌手嗎？」她竟然連自己故鄉的英雄都一無所知，她的回應讓我相當震撼。

八〇年代後期，有次我正好從日本回到中國，那正是趙紫陽擔任總書記的時候，從頭條新聞開始，趙紫陽幾乎占滿了整個中國電視的時段，宣傳簡直是鋪天蓋地。

＊　原注：一九九二年一月十八日至二月二十一日間，鄧小平前往湖北省、廣東省、上海等南部地區視察之際，在各地進行指示、呼籲加速改革開放。「南巡講話」在中華人民共和國歷史上具有重要地位，因「天安門事件」而放緩甚至停滯的中國改革開放自此重新加速，而且還拯救了當時中國新興的資本市場。

去年（二〇一七年）是香港主權移交中國二十周年；在香港移交過程中，中方的主角毫無疑問是趙紫陽。然而，儘管以香港移交為主題的電視劇和新聞節目在中國廣泛流傳，其中卻不曾提及趙紫陽的話題。

這些事情全部都是鄧小平所為，鄧小平就是一切的主導者；雖然還有幾個配角，但只不過是沾了鄧小平的光而已。在這期間還有一部紀念鄧小平誕生一百周年的電視劇上映，而趙紫陽一樣沒有登場。

歷史竟是這麼簡單就能夠封印的嗎？我不由得這麼想。而這個國家竟向日本抗議說，「日本扭曲歷史、不教真相，這樣是絕對不行的！」由中國政府口中說出這種話，真的是歪理十八條。

於是我反過來，認為「天安門事件」非寫不可，並抱持著強烈的信念，絕不讓它風化消逝；在我派駐北京的時候，每年到了這一天，總會寫下各式各樣的報導。

即使飽受打壓，劉曉波為何仍留在中國？

矢板▽我曾經直接問過劉曉波：「為什麼你不遠走海外？」畢竟參加「天安門事件」的學生領袖，幾乎都逃到外國了。

劉曉波是這樣回答的：「孩子們遭到殺害，嘴上有毛的大人卻苟延殘喘，這太沒道理了。」

劉曉波在「天安門事件」前是北京師範大學的老師，他對學生們主張「這個國家非得進行政治改革不可」，不僅廣受好評，甚至還有其他大學的學生聞風而來，聆聽授課。但是，這些學生卻在事件中扮演要角，並在廣場上遭到殘忍殺害。

最後，劉曉波一肩扛起這個責任。當他從監獄出來後，便一家家拜訪「天安門母親」，向她們致歉。直到最後他都留在中國，正是因為「天安門事件」中，學生因為自己的鼓動而死，如果不用這種方式贖罪，就不足以扛起責任。當聽到這段話的時候，我不由得肅然起敬，心想：「真是了不起的人物啊！」

石平▼從某種意義上來說，劉曉波是中國現代史上最具人性的英雄，也是堪稱中國良心的人物。

「天安門事件」之後，因為無論如何都必須活下去，所以我刻意強迫自己這樣認知，那就是「我已經和那個國家沒有關係了」。正因為沒有關係，所以忘掉那些事也無所謂；如果不這樣做的話，我會活得相當辛苦。從那一瞬間開始，我就捨棄了中國；並不是要捨棄那些曾經有過的高遠理想，只是為了讓自己活下來而已。

我常常告訴自己說，「我和那個國家再也不相干。」當然，那時我的國籍還是中國；但是我對那個國家已經沒有任何依戀，所以不管它發生任何好事或壞事，都沒有必要理會；也正因如此，我才反過來在日本開始做些事情。

第五章

反日與愛國的源流

過著比日本學生更富裕的研究所生活

石平▼回想起來，我現在雖然歸化為日本國民，並從日本的角度出發，展開各式各樣的言論活動，但這一切的基礎全都奠基於我在日本留學的時期。

我在一九八九年四月就讀神戶大學研究所，當時的留學生相當受禮遇，連一點學費都不用付。不只如此，第一學年還可以獲得民間團體提供、每月八萬圓的獎學金；到了隔年一九九〇年，則有日本文部省提供的獎學金。

我的運氣可說是相當好，因為文部省的獎學金每間大學基本上只有兩、三個人能獲得，而且獎學金相當可觀，一個月的給付高達十八萬圓，完全不需還款；除此之外，還有一個月一萬圓的住宅補貼費。因此，我從碩二到博士三年課程的這四年間，每個月都可以靠十九萬圓的獎學金過活，當然學費也是全免。

相較之下，日本自己的研究生則大多過著經濟拮据的日子。以日本的情況來說，學生直到大學為止，學費和生活費都可以靠家長提供補貼，但大部分的父母在學生進研究所之後，就不會再管他們了，畢竟是自己選擇的路嘛！

因此，大部分的日本研究生不只必須自力賺取學費和生活費，還經常得面臨阮囊羞澀的窘境。相對於此，我則是領著每個月十九萬圓、不需歸還的獎學金，還學費全免；是故從碩士二年級開始，我變成了所謂的「貴族留學生」。

拜獎學金所賜，我得以從打工當中解放出來，有了充裕的時間追求學問。當時我暫時把中國的東西拋在腦後，針對日本拚命學習；除了研究所的課業，包括日本的歷史、文化，乃至於佛教研究等，我全都卯足了勁學習。

我的活動範圍是京阪神，所以也會去京都和奈良；那時候大學的老師還辦了個歷史遺跡漫步會，每個月都會帶大家到京阪神周遭展開巡禮。

對我而言，最幸福的時期首推孩提時代的農村生

在神戶大學研究所就讀時的石平。此時的石平心中對身分認同的糾葛漸漸得到撫平。

活，其次就是留學這四年了。不僅完全不需顧慮生活，而且在自己的執念驅使下，抱持著「我已經不是中國人了，中國發生什麼事都與我無關」的態度，讓心情不斷朝著快樂的方向前進。

「已經不是中國人了」

石平▼雖然我每天都告訴自己「已經不是中國人了」，但是不知道自己究竟算什麼人的感覺實在很痛苦；恐怕就是因為這樣，我才不得不讓自己對日本產生興趣的吧！人果然會下意識地尋求認同，不只是捨棄中國人的身分，我在研究所時代學習、理解日本種種事物的同時，或許也將日本的事物接納到了自己心中。

前面有講過我曾經到大阪的中國總領事館前抗議示威，事實上，當時我的身影還被日本的電視台給拍了下來。畫面裡的我拳頭高舉，還拿了畫有頭戴納粹帽子的李鵬肖像海報，這應該是我在電視上的處女秀吧（笑）！

但也因為這件事情讓我十分害怕，所以在「天安門事件」後，有好一陣子都沒有回到中國。直到得知一切都不會被追究之後，我才在一九九二年到一九九三年間，首次回到中國。當我在中國和朋友重逢的時候，大家都笑我說：「你一和人家見面就馬上鞠躬，是犯傻了嗎？」

或許，這就是我和日本同化的徵兆吧。為了自己今後的生活、也為了自己的心，我必須捨棄中國人的身分；然而，要是不當中國人，我又是什麼人呢？從那時候開始，我就慢慢地將自己的認同轉換成日本人；這件事是在不知不覺間，持續且不斷展開的。

矢板先生也是透過訓練，來克服認同問題的吧！

改變世界的不是政治家，而是新聞記者

矢板▽沒錯，我是在就讀松下政經塾、立志成為日本政治家時克服這個問題的。

當時松下政經塾在選舉中的形象相當好，因此我也準備參加戶籍地千葉縣

的縣議員選舉，為此還針對少子化問題與地方振興議題好好鑽研了一番。

但是，在我幫松下政經塾前輩助選的過程中，我發現日本的政治家其實不怎麼用功——他們基本上是沒什麼用功時間可言的（笑）。

我當時負責的任務，就是前輩早上起床洗臉刷牙時，幫他朗讀《日經新聞》的標題。他聽了之後「嗯嗯」兩聲，然後馬上趕到火車站前，拿起麥克風大聲說：「今天的《日經新聞》有這樣的報導……」

但是，因為他根本沒有詳讀過新聞，講出來的數據也就亂七八糟；就算差一、兩個零，他也毫不在意，反正唬弄得過去就行。雖然他講得支離破碎，但因為路人也只是匆忙經過，所以只會留下「啊，松下政經塾的學生真是用功哪！」的印象。但是，這樣也能成為國會議員嗎？當時的我不禁心生疑問。

除此之外，我還注意到一件事：當國會質詢時，議員大多是參照新聞媒體的質問來提出質詢；換言之，他們問政的基礎其實是新聞。結果，改變世局的其實是新聞記者，不是嗎？——在這一瞬間，我心中浮現了另一個選項。

因為深感自己如果要成為國會議員，還需要更多的學習，所以我在結束松下政經塾的研習後，便在一九九八年前往中國社會學院攻讀博士課程，主修的科目與石平先生一樣，都是哲學。

接下來的三年間，我除了修習課程，也曾遠赴華盛頓、並回到松下政經塾進行實務訓練；但最後我在二十九歲時選擇了新聞記者這條路，並承蒙與我有緣的《產經新聞》關照，得以入社。

石平▼我問個題外話：你在中國寫的博士論文，主題是什麼？

矢板▽是戰前右翼理論的最高指導者北一輝與辛亥革命的關係，當時用中文書寫的。辛亥革命時，北一輝人在上海。辛亥革命是青年軍官挺身而出、建立政權的行動；北一輝受到它的深刻影響，回日本後與「二二六事件」產生了密切關聯。但是，最後我並沒有取得博士學位。就在我正著手書寫論文的時候，《產經新聞》問我要不要參加記者見習，於是我就回國了。

我在埼玉縣從警察線記者做起，接下來負責行政事務。二〇〇三年，知事土屋義彥爆發金錢醜聞的時候，我正擔任縣政記者。之後前往熊谷通信部，擔任地方行政事務；後來又轉往本社外信部，在部裡我累積了兩年內勤資歷，然後在二〇〇七年，被派到北京總局擔任特派員。

我在北京的第一項工作，是進行長期連載「鄧小平秘錄」。雖然我身在中國的時期是鄧小平時代，但是因為必須保持客觀距離、重新面對中國、並對「那個時代究竟是怎麼一回事」做出詳細的重新驗證，所以需要花上非常大的工夫。

從結論來說，中國共產黨的一黨獨裁雖然偶爾也會有表現良好的時期，但在行使政治權力、把人民當成「奴隸」管控這點上，這個體制除了邪惡以外，再無其他詞彙可以形容。在「鄧小平秘錄」中，我陸續寫下了許多批判中國的報導。

不知不覺變成「反日」的中國

石平▼我從研究所畢業的那年，正好是阪神大地震爆發的一九九五年。事實上，我也是受災戶。我租屋的地方在神戶，不過那晚正好去大阪，跟當時交往的女朋友住一起，所以逃過一劫。不久之後，因緣際會下我到了京都的民間研究機構任職，往後三年都承蒙這家公司關照；其間居住的地點，則是在京都的嵯峨嵐山。

這個時候的中國，以九二年鄧小平的「南巡講話」為契機，經濟正式進入起飛狀態，許多人一夕暴富。

因為當時我還是中國籍，所以回中國算是「歸國」，但我每次回去的時候，都有種「旅行」的感覺。那時候的中國有兩個主要變化：第一是中國人的「反日情緒」日益高漲，特別是菁英階層的反日情感特別強烈。每當我回到中國的時候，包括朋友在內的眾人都會毫不客氣地開口抨擊：「日本真是太惡劣了！」

另外一個變化，則是大學夥伴的心態轉變。北京的街道產生了大幅變化，但他們的精神與思考方式卻比北京的變化還要大。那些曾經為民主化運動燃燒無比熱情的夥伴們，如今都已經忘了天安門的事——又或者只是假裝忘記而已……

他們嘴裡談論的話題，首先是賺錢，接著就是民族主義，簡單來說就是三句不離這幾個關鍵字：「愛國」、「反日」、「金錢」。

據我分析，在「天安門事件」中大肆殘殺年輕人的共產黨為了找回向心力，不得不高舉愛國主義；而高舉愛國主義，就必須推動反日。畢竟，沒有敵人的愛國主義，是掀不起波瀾的。

於是，日本便被描繪成敵人，如此一來愛國與反日就得以收到效果。過去談論民主化的人腦海中的「理念」架構，不知不覺變成了愛國；至於那些完全跳脫理念的人，則為了賺錢而陷入失控境地。

令我最感悲傷的是，「天安門事件」裡學生主要抗爭訴求之一的「官倒」，如今也被他們自己利用得不亦樂乎。

昔日夥伴在心態上的轉變，令我茫然若失

石平▼所謂「官倒」，就是指利用特權來做生意；特別是將不用特權就買不到的東西，以暗盤方式加以倒賣。共產黨幹部的子弟、也就是所謂的「太子黨」，

常會利用自己親人的特權；比方說當時鋼鐵是相當珍貴的貨物，他們就利用特權大量批進鋼鐵，高價倒賣，從而獲取暴利。

這些夥伴原本應該非常憎惡「官倒」才對，但現在他們自己卻率先玩起這種把戲。一旦他們多少有了點地位，就會利用這點權力來謀取利益。更諷刺的是，他們還堂而皇之地以此自豪。

他們的思考模式完全變了一個樣。有個在「天安門事件」中高喊反腐敗、反權力，進行絕食抗爭的前同志，就很自傲地說：「最近弄到了一個不錯的職位，補助款可以高興怎樣用就怎樣用，真棒啊！」

還有個在「天安門事件」時組織敢死隊、認真想要刺殺鄧小平的前同志，在不動產生意上發了大財。他的叔叔是國營銀行的副總裁，他靠著這層關係，從地方上的國營銀行獲取了大量融資，然後以此為基礎，順風順水地進行不動產開發。當時正好是不動產泡沫時期，他搭上這班順風車而大獲成功。這位前同志在處理土地的時候，對官員進行了大手筆的賄賂；然而他不僅不羞愧，反而對此相當自豪。

其他人對他的境遇豔羨不已。他們說：「要是我也有像你那樣的叔叔就好了啊！」結果這位老兄回應說：「我把叔叔借給你用一下，怎樣？」

我看著這些前同志的交流對話，不禁覺得茫然若失，卻只能在心底深處喃喃自語：「『天安門事件』到底算什麼？我們的青春又算什麼？」

四十歲的孤注一擲

石平▼另外一件讓我無法原諒的，是共產黨為了煽動中國人的反日感情而採取的邪惡手段。江澤民在一九九八年訪問日本，同一時間，中國對日本的輿論，可以說是極盡荒唐捏造之能事。

閱讀中國國內報紙的中國人，會認為日本是「留小鬍子的軍人在東京街頭昂首闊步，也就是軍國主義完全復活」的國度。讓人產生這種印象的報導，幾乎是長篇累牘地出現在各家媒體上。

但是，這和我朝夕相處的日本，實在是相距甚遠。日本到底哪裡像軍國主義了？實際上根本截然相反吧！日本現在只是個連自己的國家都無法守護的弱國，到底哪一點像軍國主義了？

為什麼會有這種印象呢？我自己仔細觀察，得到的結論是：一切的根源就是中國的「反日教育」。中國政府刻意透過報紙、教科書、電視、電影、文學作品，徹底實施反日教育，從而得到了這樣的成果。

為了讓社會大眾理解到這點，我在二〇〇二年寫了《為何中國人如此憎恨日本》（なぜ中國人は日本人を憎むのか）這本書，由PHP研究所出版。這本書的主旨，是要分析中國網路、報紙、雜誌上日益跋扈且不斷膨脹的反日言論。在此引用一段出版社的書籍介紹：

（前略）「要把整個日本民族絕滅」、「日本人是上帝創造的劣質產品」（中略）九〇年代後期起，在中國網路上突如其來出現了一批「論壇抗日戰士」，這些人為什麼要攻擊日本人呢？中國學者透過《中國可以說不》、《野心與密謀》、《日本的秘密》等著作，煽動對日本的仇敵與憎惡之心，他們的真意又是什麼？若無其事發表充滿偏見與先入為主觀念的對日報導的媒體名嘴、反覆批判軍國主義的報章媒體，他們的意圖為何？在北京大學修習哲學、並在神戶大學留學的作者，對於多數中國人相信「前往日本的中國人一定會遭到虐待」這點深感疑惑。不切實際的憎惡、毫無依據的誤解不斷增長，導致日中關係陷於不幸；感到不能這樣下去的作者透過本書，直指中國人「仇日」的深層心理。這是一本透過發掘製造「日本威脅論」、深植「軍國主義復活論」，乃至於將之增幅的手法，深入揭發中國輿論機制的竭盡心力之作。

（下略）

為了出版這本書，又不想讓任職的研究機構感到困擾，我便辭職了。這本書的出版，對我而言簡直是孤注一擲。儘管不知道這把骰子擲下去究竟是好是壞，但從結果來看，出版這本書算是正確的選擇。

這是我人生最後的重大轉捩點。出了這本書，就無法回到從前了；從某種意義上來說，反而讓我相當快樂。這時，我正好四十歲；於是我拜託出版社，特意選在生日這一天發行。

《論語》寫道：「三十而立，四十而不惑。」但就我的情況，三十歲還無法自立，四十歲也沒辦法不惑，這實在是相當遺憾的事。

冒出「中日戰爭補助教材」的歷史教科書

矢板▽我在八〇年代前期，曾在中國的學校裡受過歷史教育；當時的教科書裡當然會提到「中日戰爭」，但不過占了半頁左右的篇幅而已。等到我擔任北京特派員的時候，試著調查歷史教科書，結果發現「中日戰爭」的記述隨著時光流逝而年年增加，到現在甚至變成以「補助教材」的形式登場。

在電視劇方面，有關中日戰爭的內容也愈來愈激化。以前雖然也有以抗日戰爭為背景的電視劇，但大多是強調中國共產黨的正義與偉大；然而最近的戲劇，則是愈來愈強調日軍的殘虐性，露骨地煽動對日本的敵意。

石平▼我以前看的抗日電影，並沒有描寫日本人的殘酷，相反地是把日本人描述成一副小丑樣，簡單說就是「共產黨都是威風凜凜、日本人都是蠢蛋」的套路。因此，就算看了那樣的日軍，也無法湧上憎惡之情，只會覺得他們腦袋很差而已。那些戲劇裡的日軍大多是留著小鬍子，一開口就只會說「混帳東西」或是「廢物、雜碎」之類的話。

矢板▽我想大概是中國方面把日語中的「メシ」（me shi，飯），誤讀成「ミシ」（mi shi，廢物）了吧！在中文裡，這樣的錯誤非常之多。

最近中國有錢之後，電視劇裡也會起用日本演員，因此用的是標準日語。演出中國電視劇的日本人，就好像是出外打拚的勞工一樣；可是我所遇到的演員，就對於劇中演出的邏輯性頗感困惑。

比方說在電視劇裡，有這樣一段劇情：在中國東北地區的嚴寒大雪中，有個騎馬的日軍進入某個村子，看到村中有位年輕女孩。接下來的場景是，日軍立刻從馬上跳下來打算強暴那個女孩子。這位日本演員看了劇本便問劇組：「在這麼寒冷的天氣，應該不會有那種性趣吧？」但他的意見完全沒被聽進去，劇組堅決主張，「當時的日軍就是這副德行」，於是他只好帶著滿腔不情願地照要求演出。簡單地說，劇組就是刻意要營造出那種常識來想都不可能的場面。

完全相反的價值觀

石平▼矢板先生身為遺孤的孩子，在十五歲時回到日本，之後經過二十年左右，以新聞記者的身分被派駐到北京。你是怎麼看待這二十年間中國的變化呢？

矢板▽就像石平先生前頭說的，整個價值觀與過去相比，真是完全不一樣了。毛澤東時代的想法是，「有錢就是罪惡，毛澤東思想是最偉大的，因此賺錢是絕不允許的事情」；但到了鄧小平時代，這種想法完全相反，變成「有錢才是強者、才是真理正義」的社會。

石平▼我們小時候受到的教育是，「資本主義是最骯髒也最殘酷的事物」。然而，若是仔細想想，便會發現讓人極度忌避的「骯髒殘酷的資本主義」，其實是以一種更加扭曲的形式，根植在中國的土壤裡。我可以斷言，中國的價值觀已經完全變了模樣，菁英階級也已經喪失了最低限度的倫理觀和羞恥心。

從北京大學誕生的「振興中華」

石平▼現在想起來，中國的民族主義並不是始自推動愛國主義教育的江澤民時代。中國因為以文革為首的國內問題，導致全面近代化的腳步落後許多，不管在經濟、科學、技術等各方面，和先進國比起來都處於絕對且絕望的落後境地。

於是，在八〇年代的中國，出現了一個風靡一時的口號——「振興中華」。要推動近代化、也要學習外國的長處；要讓中國變成一個了不起的國家，這就是「振興中華」的內在含意。從這層意義上來看，可算是一種健全的民族主義與愛國主義。而且不只是單純地追求民主，毋寧說是因為愛國，所以才要在這個國家推動健全的近代民主機制。

這個「振興中華」的口號，其實是在北京大學誕生的。我會知道這件事，是因為當這個口號被創造出來的時候，我正好躬逢其盛。

八〇年代後期，中國女子排球隊與強國的隊伍對戰常常面臨苦戰。每到黑白電視機裡播放比賽時，我們總會聚在學生宿舍各樓層的康樂室裡觀看；那晚也是如此，大家帶著自己的椅子齊聚一堂，忘我地為中國女子排球隊加油打氣。

當女排終於獲得勝利之際，大家興奮地聚集在樓下廣場，像是節慶一樣喧囂不已。這時，不知是誰大喊了一聲「振興中華」！像個口號一樣，這晚，「振興中華」的齊呼聲便響徹了整個大學校園。

因此，如果單論「振興中華」的話，它並不是政府刻意創造出來的東西；我們這個站在民主化運動浪頭的世代，才是它真正的源頭。換句話說，它是在我們推行民主化運動的進程中，自然而然產生的事物；然而，「振興中華」這個口號，對中國人來說也有民族主義的涵義在，因此外國人並不太能輕易理解。

總而言之，八〇年代誕生的「振興中華」，是為了讓中國變得更好，完全沒有任何排外主義的要素。相反地，它和其他國家的類似主張一樣，都是一種非常健康的民族主義。

矢板▽那時候我還在中國，也看了這場比賽。當時，中國能夠與世界各國相抗衡、且獲得勝利的競技只有兩種；其中一種就是女排，紮紮實實獲得了世界三連霸。反過來說，除了女排以外，中國幾乎沒有可以取勝的運動。桌球雖然也很強，但因為比較小眾，所以並不顯眼。

另一位能夠勝利的是圍棋選手聶衛平，他在「中日圍棋擂台賽」中也是連連獲勝。當聶衛平獲勝的時候，北京大學的學生就會爆發出堪比示威遊行般的狂熱騷動。

中國民族主義的高漲，從「打敗日本」開始

矢板▽在我看來，女排和聶衛平的活躍，與鄧小平的改革開放之間有著密切的關聯。推動改革開放這件事本身，就意味著對迄今為止中國的所作所為進行徹底的否定——換句話說，就是承認「我們錯了」。

共產黨建國以來這三十年的所作所為，全部都錯了。中國實際上相當貧窮、政策也完全不行，從現在起非得向日本低頭，拜託他們說「請提供我們資金、教導我們技術」不可。

在這種絕望的狀況下，人民不只沒有任何自信，對國家也喪失了向心力。於是，中國便著眼於女排和圍棋，極力煽動人民情緒。至於誕生出「振興中華」口號的民族主義，簡單說就是在進行改革開放、全然自我否定的同時，又必須建立起某種自信心的基礎，為此應運而生的產物。

這種產物從這裡開始漸漸膨脹，就成了現在的中國。說到底，圍棋擂台賽的對手是日本，而中國女排首次世界稱霸的舞台也是日本的大阪、擊敗的對手同樣是日本隊。

為什麼我會記得是在大阪獲勝呢？因為當時我還在念小學二年級還是三年級，老師出了個作業，要我們寫「給女排選手的一封信」，所以我對細節印象深刻。現在想起來，鄧小平真是實在是拚了命地要喚起人民的自信。

石平▼隨著改革開放、外國的資訊流入，中國這個國家的「實力」也被攤在陽光下看得一清二楚。中國已經徹底落後，並陷入某種喪失自信的狀態——「啊，中國已經完全不行了」，就是這樣一種心境。

矢板▽因為擂台賽的對手是日本，所以中國人對日本的職業棋士——像是武宮正樹或小林覺等人，也都耳熟能詳。加上女排的對手也是日本，結果，「打敗日本」成了提振中國民族主義最有效的方法。中國政府發現了這點，於是便將「打敗日本」的情緒不斷往上煽動鼓吹。

石平▼沒錯，中國共產黨反日政策的根源，恐怕就是從這裡來的吧！畢竟這是可以利用的東西——更正確地說，他們也沒有別的事物可以利用了。

被比喻為北京烤鴨，遭到啃食的日本

矢板▽關於這點，中國有位知識分子曾經這樣比喻：中國著名料理「北京烤鴨」的吃法是，首先將皮切薄、用餅皮包起來吃，接著將剩下的肉和豆芽菜拌炒來吃，最後剩下的骨頭則拿去熬湯；這種完全不浪費烤鴨任何一部分的食用法叫做「一鴨三吃」——對中國共產黨來說，日本正是有如「北京烤鴨」一般的存在。

首先，中國共產黨能取得政權，是靠了中日戰爭。要是沒有中日戰爭削弱國民黨的力量，國民黨在內戰中毫無疑問將會獲勝。中國共產黨躲在中日戰爭的背後，漸漸壯大起來，等日本入侵中國的時候，就利用日本來贏取勝利——這點是連毛澤東也承認的事實。

其次是改革開放。文革結束後，中國為了資金、技術和經濟，向從日本前來的松下幸之助等企業家低聲下氣。日本企業投資中國之後，中國的經濟成長才得以起步。

最後中國為了超越日本，實施徹底的愛國反日教育，以團結人民。如此看來，日本正是處於完全被利用、被吃乾抹淨的狀態，而這種狀態至今仍然持續著。

石平▼對中國而言，日本只是已經被吃乾抹淨的食物；會落到這種地步，其實是日本自己的問題。

在反日政策下，日本車市占率始終無法提高

矢板▽中國毫無疑問是世界最大的汽車市場，中國國內每年銷售的汽車（新車）約二千九百萬輛，其中美國車就占了一千七百萬輛。

說到底，中國人其實很喜歡日本車，理由是不容易故障、耗油低、車體小，容易駕駛、停車也比較簡單。同樣屬於中華文化圈的台灣，日本車的市占率就占了六到七成，但中國卻一直停滯在百分之十七左右。這和習近平的反日政策有密切的關係。一旦擁有日本車，就很容易成為反日示威或是抗議活動的攻擊對象，所以有很多人就不買日本車。

如果中國政府抱持正常態度的話，日本車的市占率一定會提升，但中國政府卻對日本汽車製造商極度歧視，因此我們只能認為，中國政府其實很不希望日本車的占有率提升。

再轉念一想，中國自己沒有汽車技術，所以要利用世界最大的市場，從而在外交上獲取某些有利條件。

中國經濟中最有利可圖的不動產、能源、鋼鐵等產業，幾乎都被太子黨與

解放軍等既得利益者所壟斷，因此在這些領域的利益結構中，幾乎沒有什麼油水可撈。

但另一方面，在政府手伸不到的領域，比方說ＩＴ、ＡＩ或是電子支付等方面，中國的競爭力則是相當地強。

石平▼從電子商務的情況來看，支付寶（ALIPAY）和微信（WeChat）目前已有相當程度的滲透。只是反過來想，自己的資訊全都會洩漏給中央、被他們徹底蒐集，從情報洩漏的觀點來說，這會讓自己處於相當不利的境地。但這個圈套其實已經愈收愈緊了。

矢板▽收緊的部分當然是有，不過另一方面，也有許多透過各種軟體翻越中國的網路高牆，設法連上臉書和推特的知識分子。

儘管國內的聯繫不得不使用微信，對中國人來說還是難以完全信任這些軟體。另外，雖然可以使用支付寶之類的電子支付，但中國人民對人民幣還是抱持著強烈的不信任感，因此才會拚命地在虛擬貨幣上「挖礦」。

從這層意義上來說，雖有不得不收緊的部分，但也有必須努力自助、非得做點什麼不可的部分，兩者交織在一起，就是中國的現狀。

第六章

劍指太子黨的習近平

在「全人代」以外媒身分提出質問的中國人

石平▼在此之前，我和矢板先生已經討論了文化大革命、毛澤東時代的體驗、鄧小平的改革開放等內容。可是，從二〇一七年十月中國共產黨第十九屆黨大會（十九大），到二〇一八年三月的全國人民代表大會（全人代）這段期間的動向來看，習近平透過廢除國家主席任期制等種種作為，很有可能會再度帶領中國重回我們曾經體驗過的黑暗時代，這點實在讓人相當擔心。

矢板▽我為了採訪這次全人代，很早就申請簽證，但一直沒有通過。明明其他報社記者都已經早早拿到簽證，順利進入北京，就只有我的簽證石沉大海。於是，我在三月四日打算再一次提出申請，但申辦單位告訴我，「申請的期限只到三月六日為止」。

雖然期限截止就不可能得到中國方面的簽證，申辦單位還是對我說：「如果你無論如何都要去的話，那就再申請一次吧！」只是，既然再怎樣申請都不會成功，為了不讓其他同事遭受相同待遇而產生困擾，只好放棄再次申請的念頭。

當我透過轉播觀看這次全人代時，發現自稱「代表外國媒體」的記者，幾乎全都是中國人。比方說，最近在網路上廣泛引起討論的中國系媒體——全美電視台，當它成立的時候，臉書上的粉絲只有一百人左右，也幾乎沒有什麼觀眾。

這家電視台的五名記者都是中國人或者「曾經是」中國人，結果他們五個人都順利拿到了採訪全人代的記者證——簡單來說，就是宣稱自己是外國記者、實際上是來全人代吹捧中國領導班子的打假球人員又增加了。

這回全美電視台負責提問的女記者張慧君，在五年前的全人代上曾代表中國外交部旗下的外交專刊《世界知識》提問，因此毫無疑問，自然是當局安排的人。

這樣的人不知為何搖身一變，成為「美國全美電視台」的記者；然而她一不小心得意忘形，在提問時就露了餡，竟然脫口說出「我國怎樣怎樣」的話語。看到這一幕，我真的覺得是鬧劇一場。

中國對嚴詞批判他們的外國記者在簽證上處處刁難，甚至不給記者證；但另一方面，卻又想營造出外國記者在表面上看起來為數眾多的樣子，於是為了展現這次全人代「也有外國記者來參訪」，他們就大量發簽證給那些前中國人、或者根本稱不上媒體的媒體，讓他們來這裡做一些吹捧性質的提問。我不得不發出「最後還是墮落到這種地步了啊……」的感嘆。

鬧劇一場的修憲

石平▼那家全美電視台根本就是幽靈電視台，我聽說它的辦公室只有一平方公尺，就連電話也是和其他公司共用。

話說回來，這次《產經新聞》又被記者會拒於門外了嗎？

矢板▽當然，這次也是不得其門而入。我在北京這十年間，每次都參加總理和外交部長的記者會，每次都舉手提問，但試了將近上百回，就是沒有一次被點過名。

說到底，誰能在會上發問，當局都已經在事前安排好了，只是裝出一副「剛好點到你」、像是「那個前排第三列的左邊第二個人，對，就是你」的感覺罷了。

事實上在記者會前，全體記者都得把提問內容交出來，然後再由當局決定「就讓某某人來提問」。但儘管如此，還是常常會發生荒謬可笑的事情——話說負責點名的人事前都做好了小抄，有次他們點名的時候叫道「前排第三列左邊第二位、穿黑衣服的記者朋友」，結果那個人因為太熱，把外衣給脫了！但，他還是在眾目睽睽之下把麥克風給接了過去。明明點名的是穿黑衣服的人，結果提問者變成一個穿純白汗衫的人，麥克風還是照接不誤，這真是打假球到了極致。

石平▼二〇一三年的上一屆全人代，矢板先生應該有出席吧！在我記憶中，至少在五年前，也就是胡錦濤政權移交給習近平政權的時候，還有些討論、也有些擦槍走火的意見出現，總之在形式上，至少還維持著某種全人代的氛圍。

矢板▽今年（二〇一八年）就完全是鬧劇一場了。外國記者的事情是如此，至於修憲的事情，那就更是荒腔走板。為什麼這樣說呢？那是因為在審議憲法前，軍隊就已經表態支持了。

就在二月二十五日，也就是全人代開幕（三月五日）大約十天前，政府發表了新修正憲法的全文；然後各地的解放軍──比如說重慶的某某部隊，按部隊別紛紛發出了「擁戴憲法改革案」的聲明以作為回應。

在修改憲法前先由軍方表態支持，這種做法除了恐嚇以外，再無其他含意可言──軍方都說話了，還有誰敢反對？

接著又發生了另外一件事：修憲案在三月十一日表決通過，結果在通過後二十分鐘，位於北京市中心王府井的新華書店，馬上就擺出了新的憲法版本。

這真是荒唐無稽到了極點！明明連要修正哪裡、會不會表決通過都不知道，結果卻毫不在意地按表操課，事先就把它通通印製出來準備妥當。這只能說，他們從一開始就相當篤定，認為這份修憲案會在一字未改的情況下過關。

企圖對政府發言的地方代表全部遭到排除

石平▼這次的修憲從整個流程看來，根本就近似於由習近平所發動的軍事政變。原本修憲案是在黨的會議、也就是二月十九日的二中全會上進行討論；可是，二中全會結束後，這項修正案並沒有正式提出。這意思就是說，他們並沒有達成意見統一，也沒有得出結論——至少在我看來是如此。

可是到了二月二十五日，這項修正案卻突然公諸於世，而且是以中國共產黨中央委員會的名義發表。明明第二天（二月二十六日）才要召開中國共產黨中央委員會全體會議，結果在前一天就以中央委員會的名義提出了憲法修正案。這真是前所未聞的事，只能說是中央委員會被硬塞了這份修憲案吧！

而且就像矢板先生說的，在三中全會籌備的過程中，各地的解放軍和武警紛紛出面表達對修憲案的支持，這就是習近平用軍隊的力量在壓迫黨、並威脅中央委員會的明證。

接著在三月五日全人代召開的時候，他更進一步用軍隊和黨的力量來壓迫全人代，不由分說地強迫他們支持修憲案。只是，當時我還多少抱點期待

——雖然會抱持這種期待，或許是我的錯也說不定，認為全人代裡至少有一些代表會挺身起而反抗。

矢板▽今年（二〇一八年）一、二月選舉全人代地方代表的時候，那些常在電視等媒體上對政府做出批判、表達意見的學者或共產黨幹部，全部都遭到落選的命運。

比方說王全傑，不只一次在全人代上發言，要求共產黨幹部公開財產。像他這樣的人至少還有一、兩位。反過來說，正因為有這些人在，所以中國的「國會」多少還有點議論，但如今這些人卻完全被排除了。

對反修憲票感到震撼的習近平

矢板▽這裡必須特別指出，在這次全人代上，代表們對修憲案的投票結果是「兩票反對」、「三票棄權」，也就是實際上出現了五票反對票。當時習近平的表情，看起來相當震撼。儘管中國的電視媒體，並沒有把電子看板顯示出「兩票反對」、「三票棄權」的畫面播送出來，但是外國記者全都看到了，也在會場拍下了照片；不過，中國人自己應該是不知道有五票反對的吧！對這五票反對票大感狼狽的共產黨高層，立刻展開了尋找「犯人」的行動。

其中一人是鄰近上海的某大學前副校長，他不小心說溜了嘴，洩露出自己在考慮「要不要投反對票」，結果馬上就被辨別出來。畢竟，出席者的頭上全都設有監視攝影機，他們在選票上寫了什麼，全都被看得一清二楚。

結果，六天後的三月十七日，習近平在就任國家主席的投票中，獲得了全會一致通過；看樣子，當初被認為投下反對票的人，已經不被允許出席了。

這場投票的總票數也增加了，理由是三月十一日香港舉行立法會補選，十餘名香港代表為了聲援選舉，沒有參加當天的修憲投票；這次國家主席選舉，他們則是回到崗位上，投下了自己的一票。

這樣加加減減計算起來，可以發現有六個人缺席，這六個人恐怕就是在修憲案投下反對票的人吧！今後他們要面臨的，恐怕是相當悲慘的命運。

在這次投票中，還有另一件相當有趣的事情。習近平在就任國家主席的投票中，獲得了全會一致贊成，但在接下來有關王岐山就任國家副主席的投票中，卻出現了一票反對票；而這一張反對票，據說是王岐山自己投下的。不能與習近平並駕齊驅，自己徹頭徹尾是習近平的部下——如果同樣獲得全票通過，恐怕會讓習近平感到很不爽……

於是，明明自己是候選人，卻對自己投下反對票，這正是中國「忖度文化」*的特色吧！

王岐山升任國家副主席的幕後

石平▼王岐山很了解自己的立場。畢竟說起來，在習近平的第一個任期中，背後最有實力的人就是王岐山。他身為中央紀律委員會書記，黨幹部對他的恐懼更甚於習近平。

可是令人相當不解的是，王岐山不知為何，在去年（二〇一七年）的黨大會中先是辭去了政治局常務委員，接著又在今年（二〇一八年）的全人代中升任國家副主席。難道是因為反正都要當副主席，所以辭掉政治局常委也無所謂嗎？

矢板▽對於王岐山，我也做了相當多的採訪與報導。儘管習近平拚了老命，想把王岐山留在黨職和最高領導班子的位置，但眾所周知，中國共產黨有著六十八歲退休的不成文規定，因此阻撓了他的企圖，畢竟王岐山去年秋天就滿六十九歲了。如果王岐山還能待下去的話，那就等於是為今年六十五歲的習近平，在五年後繼續留任開了先河，但是這個企圖在黨大會上未能實現。

共產黨按照慣例，會在八月的北戴河會議上討論秋天黨大會的議題。北戴河會議於每年七月底到八月初舉行，因會議地點在河北省的度假勝地北戴河而得名，是中國共產黨現任和前任幹部齊聚一堂，討論重要人事與政策的非正式會議。

＊編注：忖度文化：「忖度」一詞為二〇一七年日本年度關鍵字。「忖度」本質上是一個花心思思量別人心境的行動，引申為揣摩他意而失去做事準則的陋習文化。

這項會議雖然兼有避暑和休養的功用，但是引退的前領導人在其中也有相當大的發言權與議決權；正因這項特徵，所以也被稱為「權力鬥爭的頂峰」。在這裡聚集的元老，全都是超過六十八歲，從最高領導班子——政治局常委位置退下來的人物。近年來引退的重要人物，如李瑞環和曾慶紅等人就是其中的成員。

正因如此，隨著元老們在北戴河高聲質問「為什麼王岐山不辭職」，習近平的企圖便以失敗告終。

相對於此，全人代則是在黨大會後，歷經一中全會、二中全會的討論逐步展開，因此在這裡，自然沒有元老可以囉嗦的空間。沒有了元老，習近平就能夠貫徹自己的意志，此為原因之一。

另一個原因是，據說王岐山本人一開始也很迷惘，所以才想辭掉政治局常委的職務。畢竟所有反貪腐的骯髒工作全都是他來做，也因此招致許多怨恨。但是，在黨大會告終之後，王岐山家族經營的海南航空（海航集團）被發現欠下巨額債務，整件事一下子變成醜聞，還將王岐山也捲入其中。這讓本來就已經招致不少怨恨的王岐山，更是一下子陷入空前危機。

沒辦法，王岐山只好低頭對習近平投降。習近平於是作出安排，對他說：「既然如此，那你就去當國家副主席吧！」被掌握弱點的王岐山只好向習近平宣示忠誠。

然而，整起海南航空事件，據說其實是習近平在背後運作的結果。習近平就這樣使用各種小手段，進而一步步掌握權力。

習近平的心腹與黨羽，全都派不上用場

石平▼原來如此，難怪習近平非要王岐山擔任國家副主席不可。對於這件事的背景，矢板先生您有什麼看法？

矢板▽習近平的心腹和手下黨羽雖然占據了許多重要職位，但幾乎都是些無能之徒，其中為首的就是北京市長蔡奇。簡單來說，蔡奇不過是個應聲蟲而已，像這種靠著隨侍左右、竭力逢迎爬上來的傢伙，根本完全不堪大任。

另一方面，習近平的性格也不會輕易相信他人。從這層意義上來說，王岐山的能力其實相當強，而且他在黨內的影響力也很大，所以習近平才會把他當成左臂右膀地差遣使喚。

還有另一個重要因素——王岐山沒有孩子。儘管還有其他親戚可以延續權力，但這層關係總是不比自己親生的下一代；畢竟有了孩子，就很有可能會想把權力傳遞給下一代，對權力的渴望會比較強。故此，沒有孩子的人，才會盡心竭力效忠於上司；也因此，習近平才能更放心使喚王岐山，畢竟王岐山沒有孩子，所以會對他竭盡忠誠。

台灣的蔣經國總統之所以會選定李登輝為繼承人，理由之一據說也是李登輝的長男罹癌，英年早逝的緣故。

石平▼依我看來，王岐山對習近平而言，就像是硬幣正反兩面般的存在。主要原因之一就像矢板先生剛剛說的，因為習近平自己相當無能，所以只好在外交、經濟、內政上全都仰賴王岐山。

但是，習近平在某個層面上其實也害怕王岐山；畢竟王岐山的年紀比習近平還大，在黨內的人望與實力也超過習近平。

因此在去年（二〇一七年）的黨大會上，王岐山才會從政治局常委中被逐出，接著又撿了個國家副主席來當當。先將王岐山從黨內逐出，削弱他的權力基礎，然後在他無法與習近平對抗的情況下，以副主席的身分來使喚他，這就是習近平打的如意算盤吧！

王岐山最大的弱點是什麼？

矢板▽現在的中國可以稱為「習王時代」，也就是「習近平與王岐山的時代」。但是，王岐山有一個最大的弱點——王岐山只是「國家」副主席，而不是「共產黨」的幹部。他在黨內完全沒有任何職務，因此也沒有資格參與共產黨的中央全會、政治局會議，以及政治局常委會議。

因此，他完全無法獲得黨的任何資訊，更不要說議決權與發言權了。換言之，王岐山的生殺予奪，其實全都掌握在習近平的手中；習近平可以給予王岐山權力，自然也可以輕易將它奪走。

具體的例子就是所謂「政治局擴大會議」。最近兩次政治局會議，王岐山都有參加，但那是因為這兩次會議屬於特別允許非政治局成員加入的形式，也就是所謂的「政治局擴大會議」。換言之，透過擴大會議的舉行，王岐山的活躍場合才得以增加。然而，是否召開擴大會議，決定權在習近平手上，因此他也隨時可以把王岐山趕出去。

從這層意義上來說，王岐山除了向習近平宣誓忠誠以外，再無其他路可走；在政治局中，他也無法加入多數派的運作。現在的習王關係處於非常複雜的狀態，不過就結果而言，這個狀態或許對習近平是非常理想的發展吧！

石平▼的確如此。王岐山在黨內的威脅已經消失，但習近平還是要把他當成有能的人才來加以運用；我想習近平應該是打算在對美外交上，繼續起用王岐山吧！

習近平與太子黨間日益惡化的關係

矢板▽將習近平誤認為太子黨代表的人，出乎意料地多。正確來說，習近平其實算是「前太子黨」。由對中國建國做出貢獻的革命第一世代子弟所組成的太子黨，在中國形成的利益網絡可說是龐大無匹。

當習近平在中央嶄露頭角之際，他其實並不是太子黨中最舉足輕重的人物；畢竟，當時鄧小平、葉劍英、王震等重量級元老的子弟，可謂多不勝數，而且他們也都比習近平資深年長。

習近平是被當成守護這個利益網絡的太子黨代表給推上檯面的，因此一開始，他確實借重了太子黨的力量；可是太子黨的前輩實在太多，動不動給他下達一堆指示，讓他疲於奔命。

因此，當他陸續把自己的老部下拔擢到要職之後，便開始和太子黨保持距離。因此，有很多太子黨人視習近平為「背叛者」，和他的關係也日益惡化。不只如此，最近習近平也開始對太子黨出手。

肅清薄熙來的是胡錦濤。可以這樣說，葬送薄熙來的政治前途，是胡錦濤的最後一項工作。

當身為太子黨的薄熙來被肅清的時候，太子黨深感危機，紛紛認為「薄熙來都被幹掉了，我們果然還是要有個自己的代表，那就是習近平」。但是在這之後，習近平漸漸掌握了自己的力量，與太子黨之間的關係也更加惡劣。最具代表性的例子，就是今年（二〇一八年）二月安邦保險集團會長吳小暉被以詐欺罪名遭到逮捕。吳小暉是鄧小平的孫女婿，由此可以得知，習近平與太子黨的關係，確實正日益惡化。

然而在此同時，太子黨仍然具備龐大的權勢也是事實。像曾慶紅、胡錦濤、江澤民等人的孩子，都具有相當大的影響力。這些太子黨的成員，因為「太子黨」這個稱呼總給人一種利益和特權階級的印象，所以他們自己不太使用這個詞，而是自稱為「紅二代」。

「紅二代」在中國話中，蘊含著「自己的雙親參與了革命」這樣的微妙意義，因此給人的印象和感覺都會比較好。正因如此，我們《產經新聞》絕不使用「紅二代」這個詞彙；相反地，《朝日新聞》則是使用「紅二代」，而非「太子黨」這個詞。

第七章

強權政治背後，領導人隱藏的不安

被川普看扁的習近平

石平▼南北韓會談、金正恩閃電訪中、緊接著又是美國和北韓會談……接下來，我想針對這一連串讓人眼花撩亂的外交問題進行討論。矢板先生，您是怎樣分析這些事件的呢？

矢板▽現在世界外交舞台上的主角有三個人：首先是川普，他的腦筋不太好，但是反應非常敏銳。其次是金正恩，他的腦筋其實相當好，但對局勢的敏感度不佳。第三個人是習近平，他的腦筋不好、對局勢的敏感度也很差，但運氣卻很好；不管怎樣的厄運臨頭、又面臨到怎樣的危險局面，都一定會有好事降臨在他的身上。

石平▼川普剛上台的二〇一七年一月前後，他對習近平是擺出一副徹底對峙的架勢，甚至還打電話給台灣的蔡英文總統，對中國施加壓力。

可是習近平的運氣真的很好，從二〇一七年春天開始，金正恩做出了一連串詭異的行動；他先是暗殺了自己的哥哥金正男，接著又不斷進行核爆實驗和飛彈試射，然後還挑釁川普，可說囂張放肆到了極點。

為了應付北韓問題，川普不得已只好請求習近平協助。二〇一七年整整一年間，川普在各式各樣的場合中，說了不知道多少次對習近平的「信賴」與「期待」。

我認為二〇一七年習近平在外交上的最大失敗，就是嘗試在北韓問題上取得某種程度的主導權，但最後卻未能如願。在這方面他真的是一事無成，頂多只讓北韓稍微遵循了一點聯合國的制裁決議而已。

金正恩讓習近平的面子完全掃地，儘管如此，我們卻完全看不到中國對北韓刻意行使什麼壓力的痕跡。恐怕就是因為這樣，川普才會在這一年間對習近平徹底失望的吧！「這傢伙只會耍嘴皮子，完全沒有用處……」川普眼裡的習近平，完全被看得扁扁的。

習近平在外交方面只會說漂亮話，實際上卻什麼也不做。結果南韓以平昌冬奧為契機，為南北對話鋪下了道路，而川普也開始尋求跟金正恩直接對話的方式。

《台灣旅行法》的通過與美中關係

石平▼美國與北韓領袖直接對話的背後，其實有著排除中國的意圖。就金正恩的立場來說，他希望透過與美國的對話，來排除中國的影響力；川普也希望透過和北韓直接對話，來擺脫習近平那種只會耍嘴皮子、實際上卻一事無成的作風。

在這種情況下，（二〇一八年）三月十六日通過的《台灣旅行法》重要性就更形增長。這項法律認可美國和台灣的閣員與政府高官之間展開積極的互訪行動。自從一九七九年美台斷交和《台灣關係法》通過後，美台之間在高級官員的互訪上都有自主性的限制，但隨著《台灣旅行法》通過，川普總統訪問台灣，或是蔡英文總統訪問華盛頓，一下子都變得可能起來。

這項消息具有非常重大的意義。事實上，《台灣旅行法》才一通過，馬上就有美國政府相關人士來到台灣造訪蔡英文總統。從這裡可以看出，川普的矛頭已經再次指向中國。

不只如此，美國也以侵犯智慧財產權等理由，對大約一千三百項、價值五百億美金的中國製品，提出將關稅提升至百分之二十五的方案。

關係惡化的中國與北韓，仍有隱形的羈絆

矢板▽確實，南北對話和美國—北韓會談的實現，從某個層面上來說，意味著包含中國在內的六國協議被擱在一邊、遭到無視；但就結果而論，北韓情勢的緩和對中國的國家利益而言，其實不是件壞事。

反過來看日本這邊：美國越過日本直接和北韓交涉，日本完全被蒙在鼓裡，從而陷入一種非常微妙的處境之中。結果，安倍首

2018 年 6 月 12 日，美國一北韓會談。圖為美國總統川普與朝鮮國務委員會委員長金正恩握手，這是朝鮮民主主義人民共和國成立和韓戰達成停戰協議六十五年後，首次有在任美國總統與北韓領導人會見。國際社會亦期待兩國能透過對話，解決長達二十五年的北韓核武問題。

相慌了手腳，連忙要跟川普會面，並不得不急著嘗試跟北韓展開對話。

儘管金正恩上台以後中國和北韓的關係明顯惡化，但兩者之間仍存有看不見的「羈絆」。這就是我一直在強調的，中國和北韓之間其實是一種「親子關係」。世界上有很多感情不睦的親子，彼此口角、甚至大打出手的親子也所在多有；但是，親子還是親子，有著他人所看不見的羈絆，這點我們絕對不能忘記。

從這層意義上我們可以發現，北韓在重要事務上還是跟中國有著密切關聯。正因如此，金正恩才會在今年（二〇一八年）三月二十五到二十八日，閃電訪問中國。

還有一點就是，川普政權儘管對外採取了諸多行動，但基本上還是一個相當國內取向的政權，也就是以美國國內、美國經濟為最優先的政權。因此，就算今後南海、台灣、朝鮮半島等地面臨一觸即發的事態，美國是否真的會跳出來，和中國展開全面對峙，這點還是個疑問。甚至更進一步地說，川普跟習近平再次談成某種交易的危險性也是存在的。因此我認為，美中關係的流動性其實相當高。

美中可能就台灣與北韓進行「條件交換」？

矢板▽還有另一個必須注意的點，那就是習近平對台灣獨立非常警戒，經常在台灣海域展現他們的軍事力量；透過出動潛艦與飛機，對台灣不斷施以武力壓迫。

在這種情況下，美中之間是否有可能就台灣與北韓進行「條件交換」，就變成相當令人掛心的問題。北韓的核武和彈道飛彈（ICBM），在在對美國造成威脅，因此，做為遏止北韓的交換條件，中方希望他們對台灣採取軍事行動的時候，美方不要出手——習近平政權應該確實有在考慮這樣的交換條件吧！有不少有識之士，對此感到憂心不已。

石平▼一直以來，確實都存在著這樣的可能性：習近平負責收拾北韓問題，代價則是美國在台灣問題上對中國讓步。可是，這樣的雙向連線，今後恐怕會消失無蹤吧！

原因正如前述，去年（二〇一七年）一整年間，中國並沒有辦法靠自己的實力或影響力，來要求北韓撤除核武。在這種情況下，美國必會認為和中國談條件毫無任何意義。簡單說，中國手上已經沒有可以談條件的籌碼了。

不可信任的川普政權

矢板▽這個議論的重點是，我們究竟要如何評價中國在這次南北韓高峰會*中扮演的角色？有一種看法是，迄今為止中國完全沒有對北韓進行制裁，但這次多少做了一點，而這一點點的制裁，就讓北韓叫苦連天；從去年（二〇一七年）開始，流亡到日本的北韓籍漁船激增，就可以確切看出這點。

是故，北韓是因為經濟惡化，才會

2018 年 4 月 27 日，文在寅和金正恩於板門店南側的和平之家進行南北韓高峰會，並簽署《板門店宣言》，金正恩向文在寅表示會落實半島無核化。

答應和美國協商，而這是靠了中國的壓力所致——川普在推特上也曾這樣講過。假使這種邏輯成立的話，只要中國放緩對北韓的制裁，北韓就有可能再次強硬起來，對美國的要求置之不理——也有這樣的評價存在。

石平▼可是，一旦美國和北韓直接對話、並朝著解決問題的方向邁進，那美國在北韓問題上，就不用那麼仰賴中國了。如此一來，美中之間就台灣和北韓進行「條件交換」的可能性，必定也會跟著變低。矢板先生是怎麼看待美中關係的呢？

矢板▽我覺得現在最重要的就是，不要太信任川普政權。川普當選總統之後不久，便和蔡英文通了電話；當時我們都覺得這是美台關係向前邁進了一大步，可是之後卻產生了大幅倒退。

結果，我們無法否認美方在這件事上，其實是把台灣當成和中國談條件的

＊編注：指兩韓領袖金正恩與文在寅於二〇一八年四月二十七日在板門店「和平之家」舉行的南北韓高峰會。此次會談為韓戰後朝鮮最高領導人首次踏足南韓土地。之後，兩國簽訂《為促進韓半島和平、繁榮、統一的板門店宣言》（《板門店宣言》），同意朝鮮半島無核化，以及爭取在年內宣布結束戰爭狀態等。

籌碼。對日本而言相當重要的則是，（二〇一八年）三月十四日南韓政府發表有關南北會談事宜時，完全沒有和日本進行事前商議。

因此我們可以說，川普政權不只是個只考慮自己國家利益、相當內政取向的政權，還是個便宜行事的政權。雖說有《台灣旅行法》和美中貿易戰爆發等種種事件，但這究竟是延續著一貫的理念，還是為了美國的利益與經濟效益，甚至是作為條件交換而使出的手段，我們一時都還無法看清。

日本到目前為止，一直都把美日安保看成最優先事項，結果美國卻在事前完全沒有與日本商量。

然而我也認為，反過來說，這正是日本尋求真正獨立的一個大好時機。從現在開始，我們不該期待美國，而是應該認真考慮修改自己的憲法。假使美國和北韓達成協議，同意北韓成為實質擁有核武的國家，那日本也應該認真開始討論，國內是不是應該擁有核武？

在國際政治如此複雜怪誕的情況中，日本也到了不該一味仰賴他人，而是多少替自己想想的時候——畢竟，習近平、川普、金正恩，都是無法信任的對象啊！

川普對普丁與習近平的態度有明顯落差

石平▼可是，就我看來，川普有沒有堅定的理念姑且不論，美國在川普執政期間，在貿易問題和台灣問題上對中國日漸強硬是不爭的事實。這點從現在川普政權的人事安排也可以看得出來，占據重要崗位的，幾乎都是對中強硬派。

還有一個有趣的現象，這點我在推特上也曾經提過，那就是（二〇一八年）三月十七日，習近平再次當選國家主席的時候，川普並沒有發表賀電。之所以如此，理由是去年（二〇一七年）黨大會，

2017 年 11 月 8 日，川普伉儷接受習近平伉儷接待，在北京故宮體驗書畫裝裱。川普訪中期間堪稱是川習二人關係最好的時期。

習近平連任共產黨總書記的時候，川普已經撥過祝賀電話了。可是這件事說起來，其實相當奇怪。

當時習近平連任的是「共產黨的總書記」，美國總統就立場上來說，實在沒有祝福的必要。即便如此，川普還是發表了賀電。然而，美國總統真正應該在外交儀式上表達祝賀的，應該是習近平在全人代連任國家主席才對啊！

相對於此，普丁則是在習近平連任國家主席當天就發出了賀電；然而川普卻完全沒有發表任何賀電，就連電話也沒撥上一通，明顯是刻意冷落習近平。不只如此，隔天的三月十八日便是俄國總統大選，普丁不意外地連任，川普也馬上打電話給普丁，表達祝賀之意。

從這裡我們可以看出，川普對普丁和習近平的態度，明顯有著天壤之別。從川普政權這一連串的動作來看，如果美國和北韓能夠直接對話，那麼今後美國在對中關係上，應該會轉為在各方面相互對抗的路線吧！面對這種情況，習近平要如何應對呢？這是他們首先必須面對、在外交上的重大問題。

還有一點是我想跟矢板先生徹底討論的，那就是中國的內政問題。習近平在第一個任期的五年間獲得了強大的權力，簡直就像是做皇帝般，充滿了專制政治的色彩；那麼習近平的野心究竟是什麼？我想試著跟您交換意見。

在這方面還有另一個主題，那就是權力鬥爭。雖然老實說我感到相當意外，不過在這短短五六年間，姑且不管共產黨幹部心裡是怎麼想的，但習近平已經成為擁有超過鄧小平、江澤民、胡錦濤權力的獨裁者。在這背後，究竟是怎樣的一種政治機制在運作呢？關於這一點，我也想試著跟您討論。

直到現在仍未達成集權的習近平

矢板▽習近平想成為獨裁者，為了成為獨裁者而做出許多蠻橫無理的事情，我想這些都是事實；但是，我完全不認為習近平已經集中了權力。

這個道理很簡單，不管在哪個公司或組織裡面，獨裁者——比方說公司的社長——通常在就任一年、頂多一年半或兩年左右，就能夠集中權力。他們大致上都會安插方便自己使喚的人，然後開始隨心所欲做自己想做的事。

但是，習近平在這五年半以來，只是不斷在集中權力。這不是太奇怪了嗎？

如果他真的是獨裁者，那應該早就把權力徹底集中了才對，可是他直到現在，都還在肅清政敵。

我們絕對不會在報紙上看到「金正恩在北韓進行集權」的報導，那是因為金正恩已經集中了權力；但習近平卻還在拚老命，努力集中權力。

從這裡完全可以看出，他在背後其實相當沒有自信。這次在（二〇一八年）全人代上，他非要讓可能反對自己連任的人缺席，從而達成全票通過的結果，這也可以看成是他相當不安的表現。如果真的是「完全的」獨裁者，應該多少會製造一些反對票，來表現出自己立場的坦然自若。

與袁世凱共通的習近平強權政治

矢板▽綜觀習近平這一連串作為，讓人不禁想起一百年前的中國領導人袁世凱。大家都認為袁世凱就是想要做皇帝，於是當孫文把總統的位子讓給袁世凱之後，關於他下一步該怎麼走，就有很多熱心的陳情團冒出來。

「中國無論如何都需要皇帝，只有袁世凱才配得上這個位子！」這些陳情團在各地到處喧嚷，最後甚至還跑到了北京來。在這當中最有趣的是，居然也有妓女組成的陳情團。明明全部都是假造的輿論，袁世凱卻接受了這些假輿論的陳情，還認為這就是「民意」。

一九一五年底，當時稱為參政院的國會全體一致通過，「只有大總統足以擔此重任」，袁世凱於是當上了朝思暮想的皇帝。

然而，這不過是強權政治下編造出來的民意罷了。事實上當他稱帝之後，大學生馬上示威抗議，各地軍閥也紛紛起而「反對帝政」，最後袁世凱只當了八十三天皇帝，算起來連三個月都不到。

現在的中國，可以說和這種情況十分相近。強權政治編造出所謂民意，在袁世凱的時代如此，現在的習近平時代也是如此。畢竟部下全都是領薪水的上班族，只要你對他們說，「要是反對就扣你一半薪水」，他們當然全都會說「贊成」。

在這樣的背景下，民眾對政權的不滿自然會漸漸高漲，這就是現狀。古今中外的獨裁者毫無例外，幾乎都死得很突然。去年（二〇一七年）辛巴威的穆加比，原本一向以強權自詡，國會裡也清一色都是穆加比的羽翼爪牙，但在某一天，他在國內就突然失勢了；南非的祖瑪總統，也是突然就失去政權。這些人就算不能稱為獨裁者，至少也是具有強權的領導者，但是……

在中國，人民自不用說，就連共產黨幹部之間也充溢著不滿的情緒；只是，他們仍然需要一個契機。為了這個契機，他們一直拚命在找尋。

正如前面所述，習近平儘管腦袋不好、感覺也遲鈍，但他的運氣非常好。每當遇到危急狀況的時候，一定會發生某種事件，將注意力轉移到其他方向，從而讓他一直平安無事到今天。可是在此同時，習近平也正一點一滴地失去民心與民意。

推翻鄧小平所樹立集體領導制的習近平

石平▼矢板先生的評論可謂一針見血。習近平是用強權來抹煞民意。他在網路上利用五毛黨*，抹殺反對意見。在這種強制抹殺民意、讓反對聲音無法浮現的手段下，習近平陷入錯覺，自以為自己深受人民支持。

文革發動時，林彪在演說中極力奉承毛澤東，說毛澤東有「四個偉大」：偉大的導師、偉大的領袖、偉大的統帥、偉大的舵手。習近平在全人代後，媒體也稱揚他為「人民的領袖」，這已經到了足以進入笑話殿堂的程度。

以毛澤東的情況來說，他確實具有相當程度的魅力，而且也有一定的實績。從這層意義上來看，就像矢板先生方才所說，習近平在這方面實在是遠遠不及。不只如此，對沒有實績的他所展現的權威，打從心底服從的人也是少之又少。

鄧小平時代以來，出於對毛澤東獨裁政治的反省，中國共產黨內部形成了某種共識，或者該說是一套規則，其中之一就是集體領導制，也就是由所謂「最高七人」（China Seven）的多數決，來決定大政方針。江澤民和胡錦濤的集體領導體制在形式上有若干相異，但在重要事項上，大抵都是遵從這樣

＊原注：五毛黨：在網路上負責發表對中國政府有利的發言、站在體制這邊的「輿論誘導者」，因為每發一篇文章可以得到人民幣五毛（約日幣六圓）的報酬，因而得名。這些人又被稱為「網路評論員」，為數據說約有三十萬人。

的規則在走。

然而，現在的習近平卻完全推翻了這種做法。這次全人代結束後，全體政治局成員都必須對習近平進行業務報告，這種宛如君主和家臣的關係，堪稱前所未見。

鄧小平時代創造出來最好的規則，就是最高領導人基本上只能待上兩個任期——也就是十年，然後就要把棒子交給下一代。江澤民雖然在軍委會主席的位置上堅持了十三年，但胡錦濤則是按照規矩十年就引退，將棒子交給下任領導人。

促成權力圓滑更替的方式有兩種：一種是依循民主方式的美國體系。美國總統不管能力有多強，都只能當選兩任；憲法明定總統的任期只有兩任八年，接下來就必須選出下任總統。還有另一種方式，那就是古代王朝的方式。皇帝若是死去，就由皇帝的兒子繼位；正因如此，在皇子之間常會展開激烈的宮廷鬥爭。這就是兩種具有永續性的權力更替形式。

北韓的權力更替屬於後者。中國共產黨因為毛澤東的兒子早死，所以沒能走到這一步。被視為毛澤東繼承人的劉少奇遭到肅清、林彪遭到肅清、華國鋒也被鄧小平肅清。因此，鄧小平指名江澤民為最高領導人，接著是胡錦濤在江澤民引退後接任最高領導人。

就這樣，走過無數曲折，中國共產黨在維持獨裁政治的同時，也確立了一套正統化的規則。儘管如此，習近平卻將這一切全部推翻掉。然而相當不可思議的是，黨內竟然不見任何抵抗的痕跡，這讓我不禁覺得，共青團未免也太不爭氣了。

暗潮洶湧的「後習近平時代」

矢板▽這是因為共青團從年輕的時候開始，基本上就是一群對上頭言聽計從的上班族集團，因此在他們裡面，幾乎找不出半個有骨氣的傢伙。作為獨裁政體的共產主義國家最大的問題，其實就是繼承人的選擇。

中國共產黨建國以降，歷代的政治運動，以及激烈抗爭形成的原因，全都是因為繼承人問題。從六〇年代的「高崗事件」、到七〇年代後的「林彪事件」、「四人幫事件」……

一九八九年「天安門事件」時也是如此。由於鄧小平已經在相當程度上引退，所以改革派的趙紫陽與保守派的李鵬為了繼承人問題產生激烈衝突；結果，兩人都沒有成為繼承人，鄧小平最後支持的是江澤民。

共產黨政權直到一九八九年「天安門事件」為止，經常為了繼承人問題起紛爭。因此，鄧小平可說相當聰明，他在自己還有力量的時候完全引退，然後指名「我的接班人是江澤民，接下去是胡錦濤」。

拜此所賜，中國迎來了將近三十年的安定；然後在這種背景下，登場的就是習近平。

結果，一黨獨裁是沒有規則可言的。最高權力者自己就是法律，就是憲法；他可以無限增加自己的權限，然後透過這種方式，漸漸集中權力。

而且相當湊巧，在習近平身邊並沒有強力的政敵；少了競爭對手，他才能成為最高權力者。

儘管如此，現在我們可以肯定地說，接下來在中國國內，有關習近平繼承者的問題將會持續發生。不管習近平再怎樣嘴硬，今年（二〇一八年）六月十五日他就滿六十五歲了，也不可能再撐個二、三十年，因此後習近平時代究竟會走向何處，其實已經是個不遠的問題。或者該說，後習近平時代浮現的人物，會怎樣推翻習近平呢？這幅景象似曾相識，自毛澤東時代之後再度呈現於我們的眼前。

現在的中國共產黨別說沒有毛澤東時代的活力，更得不到人民的支持。從這層意義上來說，今後的中國與其說是習近平強權時代，不如說正邁向暗潮洶湧的時代；這是我的看法。

石平▼我也抱持同樣的想法。習近平其實是自己打開了「潘朵拉的盒子」。

鄧小平想方設法創造出規則，將繼承人問題這個「惡魔」封印在瓶子裡；然而，習近平卻為了讓自己能掌握權力到死，而打開了這個瓶子。這一打開，他在今後十年、二十年間，都要為了處理繼承人問題而朝夕難眠。

若是按照過往，比方說胡錦濤掌握十年政權後，胡錦濤世代就全部引退，由下個世代掌握權力；換言之，對下個世代而言，每十年就是一個周期，讓人充滿了期望，而他們也會帶著新的政策與理念，不斷往上爬升。

可是，從今以後中國的政治完全陷於停滯。由於人事都掌握在習近平手上，結果安插到重要位子上的，都是他的心腹和部下。如此一來，黨內的不平和不滿也會日益高漲。

第八章

成長停滯的經濟悲劇

吸收民眾不滿的經濟成長

矢板▽說到底，現在中國最大的問題全都可以歸結到經濟成長。以公司來比喻，或許是最容易理解的：公司的工作相當艱苦，既沒得休假，在職場裡還要忍受仗勢欺人與性騷擾。

儘管如此，如果薪水夠高的話，一切都還能忍得過去，至少能勉勉強強忍耐下來；但是如果薪水變少，那鐵定會萌生「老子不幹了」的想法吧！中國在過去三十年間，不管大家心裡有多少怨言，總是能夠維持百分之七左右的經濟成長。

人民都覺得「明天一定會更好，現在忍耐一下，明天一定會好轉的」。比方說開餐廳的人，被當局硬是要求賄賂、甚或是強迫關店、逼他們讓出經營權；可是，如果經濟還在成長，他們就會覺得「大不了我再開一家店，馬上就可以把貸款還完」。換句話說，經濟成長可以吸收民眾的不滿。

習近平面臨的首要問題雖然是繼承人問題，但還有另一個同等級的大問題，那就是中國看不見支撐經濟成長的「下一根支柱」。

不只如此，今後在國際政治方面，中國也會面臨各式各樣的問題。至少川普政權是個基本上只認現金、傾向內政的政權；隨著往後中美貿易摩擦的正式激化，支撐中國經濟成長的外資和海外出口，也有可能遭到毀滅性的打擊。

在這種時候，如何找尋下一根撐起經濟成長的支柱，就變成中國最大的課題。可是，以習近平的能力來說，這實在很令人絕望。

習近平「回歸」毛澤東時代政治路線的理由

石平▼我想，這是一個非常重要的指摘。先前矢板先生提出一個問題：為什麼習近平花了五、六年的時間，一直在鞏固政治權力基礎？我認為反貪腐運動是最大的理由。

習近平盡可能使喚王岐山，實施恐怖政治。要是敢反抗習近平，就會受到「要揭發你的貪腐」的威脅。說到底，共產黨幹部沒有一個人是不腐敗的。

習近平掌握了這個把柄，靠著幹部對揭發貪腐的恐懼，讓他們感到心驚膽戰，這是理由之一。除此之外，還有另一個理由：雖然這完全是我的假說，不過這種獨裁體制誕生的背景，正如矢板先生所指出，是源自於經濟衰退。

江澤民政權與胡錦濤政權搭著經濟成長的順風車，就算不特別採取什麼大動作，也能保證一切順利運行。直到胡錦濤時代為止，經濟只要維持正常運轉，就能大致保持社會和政治的安定。

可是，從習近平政權誕生的二〇一二年左右開始，中國經濟的成長力度開始走下坡。對習近平而言，問題是胡錦濤政權這十年間，為了確保經濟成長率，做了很多亂七八糟的事情；特別是溫家寶前總理，為了讓自己擔任總理時代的經濟成長率看起來漂亮，完全不考慮後果，掀起了金融和不動產的泡沫。這個爛攤子，全都得由習近平買單。

在經濟沒有成長、甚至是惡化的前提下，要如何守住共產黨政權呢？習近平心目中最好的參考樣本，恐怕就是毛澤東時代。

毛澤東時代，中國的經濟跌到谷底；我自己身歷其境，所以知之甚詳。然而，儘管經濟慘跌到這種地步，共產黨政權卻依舊穩固如山。那個時代，儘管有不少人對四人幫感到不平不滿，卻幾乎沒有任何人懷疑過共產黨政權的正統性。因此，習近平政權對毛澤東時代政治路線的「回歸」，就是在經濟不管怎樣都無法順利運轉的前提下，以實施獨裁政治為目標。

可是在此同時，即使現在這種獨裁政治能夠持續到今後五年乃至十年，但根本的經濟問題，真能獲得解決嗎？不管怎麼想，都覺得不太可能。現在習近平政權推動的經濟政策，只會讓本來就已經很艱苦的經濟，徹底抹殺成長的可能性。

中國經濟確實在惡化當中

矢板▽最近常常有人在提「中國崩潰論」，也有很多媒體和新聞記者批判中國崩潰論，振振有詞地說：「你看，中國不是一點都沒有崩潰嗎？」然而，中國的經濟確實正在惡化之中。

一個老人明明已經有了高血壓、糖尿病、心臟病等眾多疾病，卻還是每天抽菸、通宵打麻將、酗酒，如此一來只會讓健康更加惡化，這就是現在的中國經濟；我長久以來，一直都這樣提醒。

中國的病況確實在惡化。儘管有人批評說，「可是還沒有死啊？」但哪一天會死，誰也不知道。

中國是巨大的。鐵達尼號從撞上冰山到沉沒的時間，其實驚人地迅速；明明已經開始沉船了，船上卻還在舉行演奏會和晚餐派對。

以前包含日本在內，常常有外國前來投資中國，但最近完全沒有聽到這樣的事情。我派駐在北京的二〇〇七年時，常常和日本的中小企業主進行對談，當時他們的說法都是這樣的：「我想投資中國。雖然我只有資金三百萬圓，但可以想想辦法嗎？」也就是把中國看成最後的綠洲。二〇〇〇年代前期，是一個大家都認為投資中國，一定會有收穫的時代……

但是，這種情況慢慢改變了。在我回國前夕，對談的內容都變成了：「我想從中國撤退，可是卻完全沒辦法把資金轉移出來，該怎麼辦才好？」大家都已經不想繼續投資中國了。

過去曾有日本企業想帶著技術前往中國投資，可是卻遭遇到種種的慘痛經歷，於是警戒心日益高漲：「把新技術帶到中國的話，一定會被剽竊的！」

「一帶一路」無法成為中國經濟的成長支柱

矢板▽不只是日本，包括台灣、香港、美國和歐洲，在中國投資的企業全都日益減少，而海外的投資迄今為止，一直是支撐中國經濟成長的重要梁柱。

中國對海外的出口也是如此。中國製品現在的確仍不斷輸入日本，但像衣服之類的生產據點，都已經漸漸轉移到越南、印尼、孟加拉等地。作為中國經濟的另一根支柱，對外出口依然相當龐大，但同樣已經到達了臨界點，這也是事實。

在中國國內，另一項經濟成長的原動力就是公共投資。高速鐵路等交通基礎建設支撐著經濟成長，但高鐵和機場的開發，也只能利用一次。

在下一根支撐中國經濟成長的梁柱還沒有明確出現之際，習近平突然靈機一動，提出了「一帶一路」這個讓人摸不著頭腦的構想。簡單說，這項計畫的企圖就是透過在海外進行交通、港灣的基礎建設，來把中國的過剩生產與庫存傾銷到海外。

如果只是單純的經濟問題那倒還好，問題是中國同時也企圖擴大政治上的影響力；結果，在當地引發的糾紛不斷、工期落後、借出去的款項幾乎都變成了不良債權。

在斯里蘭卡、馬爾地夫和巴基斯坦等地，儘管港灣按計畫竣工，但幾乎沒有任何經濟利益，負責提出融資、由中國主導的亞投行，也幾乎得不到任何回報。於是，中國就把這些港口扣押下來，結果儘管擴大了軍事霸權，卻遭到了國際社會的一致厭惡。

今後他們應該還會繼續採取這種手段，但是這對支撐中國經濟成長完全沒有幫助。既然如此，那中國經濟成長的支柱又會是什麼呢？

成為夢幻泡影的「李克強經濟學」

石平▼直到二〇一〇年為止，中國對外出口的成長率，平均每年都能順利維持在25%左右；但是到了二〇一六年，首次出現負成長的狀況。儘管二〇一七年稍微有點回復，但也只維持在8%左右。

一九九〇年代中國出口大幅躍升、撐起經濟成長的最主要理由，其實用一句話就能簡單解釋，那就是他們的勞動成本壓倒性的低。可是隨著通貨日益膨脹，中國的勞動成本也不再便宜；於是「Made in China」在和越南、印尼、緬甸等國的競爭當中，便逐漸敗下陣來。

戰後達成高度經濟成長的日本，也有將不分良莠的製品一律出口、賺取金錢的時期；但是，日本出乎意料地早早超越了這個階段，改為製造附加價值高的汽車和電子產品，從而擴大了出口。

中國自改革開放以降，也是仰賴便宜的勞動力來擴大輸出。當便宜勞動力的時代結束後，照理說就應該邁入輸出高附加價值商品的階段以取代之；但是，中國至今仍然沒能達到這個階段。

確實，二〇一三年就任總理的李克強，他所提出的經濟政策「李克強經濟學」，毫無疑問就是要朝著這個目標邁進。但是由於政治體制的問題，李克強並無法掌握經濟運作的主導權，因此「李克強經濟學」還沒開始就已經結束了。正如矢板先生所指出的，中國國內的不動產投資、公共事業投資、簡單說就是固定資產投資，全部趨於飽和狀態，或是到達了臨界點。最後，中國假使要達成經濟成長的渴望，就只能擴大內需。

但是，擴大內需並不是如此簡單就能實現的。隨著貧富差距日益擴大，唯一能夠擴大內需的方法，就只有先前的薄熙來路線而已。薄熙來的「打黑」政策不只針對黑幫，也將有錢人一掃而空、沒收他們的財產，然後用重慶市的財政收入建設給窮人的公共住宅，如此當然會廣受擁戴。

習近平如果同樣從有錢人那裡奪取金錢，並將它重新分配給貧苦階層的話，或許也能一口氣擴大內需吧！

矢板▽但是假使真的實施「打黑」，中國經濟也沒辦法回復。畢竟，如果私有財產不能獲得保障，那恐怕誰都不敢來中國做生意了。

薄熙來路線乍看之下是讓庶民的生活豐裕起來，但在薄熙來的時代，不動產的價格完全沒有上升。簡單說，有錢人全都逃出重慶了。在這之後，隨著薄熙來失勢，重慶又逐漸回到原樣，投資也開始逐漸流入，於是重慶的經濟，又回復到充滿活力的時代。

基本上，習近平和薄熙來其實十分相似。兩人在同一時期面臨父親失勢、在同一時期被下放到農村、在同一時期回到北京、在同一時期結婚和離婚、也在同一時期讓孩子出外留洋；他們的晉升之路幾乎在時間點上完全相同，因此，儘管他們互為政敵，在發想上卻相當一致，而習近平會把薄熙來的手法推廣到全國，也是技窮之下無可奈何的選項——畢竟說到底，這已經是習近平的極限了。

畫下句點的集體領導制

石平▼今年（二〇一八年）起，習近平高舉「掃黑除惡」的口號，針對被稱為「黑社會」的黑幫等犯罪集團，展開為期三年的全國取締工作。相對於薄熙來的「打黑」，習近平的「掃黑」要將黑幫一掃而盡，氣勢更為驚人。

然而，要收拾黑幫，根本不用花上三年，此舉意圖明顯，他意在民間企業主的錢包。中國有句俗諺說「殺雞取卵」，像這種行動要是持續三年，中國經濟只會更加惡化，這是昭然若揭的事。

基本上習近平犯的最大過錯，就是他明明不懂經濟，卻要把經濟運作的最高指導權握在自己手中。在這點上，胡錦濤就聰明許多，把經濟運作全部交給溫家寶處理。

習近平有一個大問題，那就是他集中了強大的權力。全體政治局常委只能唯唯諾諾，就自己的工作向他報告，然後等待他的裁決。如此一來，今後的中國共產黨幹部就只要思考如何在習近平政權中存活下去，而不需認真處理經濟成長問題。只要對習近平竭盡忠誠就好，只要讓習近平賞識就好。習的體制已經變成了這樣一個體制。

還有一點就是，既然習近平掌握了如此多的權力，那麼將來中國不管發生什麼糟糕事情，其他人也都不用負責任。集體領導體制畫下句點，取而代之的是「集體不負責任體制」，全部的責任都扛在習近平一人肩上。

這種體制能夠長久持續下去嗎？我想應該不能吧！李克強現在一定覺得鬆了一口大氣吧！

矢板▽從李克強的角度來說，如果自己提出經濟政策，那就等於自己把責任攬在身上。因為討厭這樣，所以他心裡的真心話一定是「您（習近平）先請，請您先試試看吧！」

石平▼本來經濟若是不振，國務院總理應該要負最大責任；可是，李克強卻得以免責，因為大家都知道習近平才是「核心」。

不只如此，習近平的心腹與手下爪牙，也都狐假虎威、恣意妄為，從而頻繁惹出各種麻煩。至於心腹以外的人則是為了保身，什麼事都不做。現在的狀況已經演變成這樣。

凍結經濟活動的反貪腐運動

矢板▽我認識一位在醫療機器製造業任職的人，他的公司在業界也算是屈指可數的大廠商，可是在習近平時代開始兩、三年後，就宣告破產了。

他的工作主要是向大醫院販賣以電腦斷層掃描為主的各式醫療機器。當然，最新的醫療機器價格甚高，就算價值數億圓也不足為奇。但因為習近平推動反貪腐運動，因此要購入這種醫療機器，一定會被懷疑醫院是不是收了什麼好處。

既然如此，那結果會怎樣呢？答案就是所有醫院的院長都說不要這種機器。醫生每天就是喝茶看報，什麼事也不做，也不買新的設備和機器。舊的設備和機器壞掉的話，修一修就好，萬一真的修不好，就兩手一攤，說聲：「我們這裡沒有這種機器，你去別的地方吧！」總之誰也不願多做一點事。這種現象實際上正在劇烈蔓延，而也因為這樣，經濟完全陷入了停滯。

石平▼迄今為止，公共事業的主要推手之一就是地方政府。正如我們所知，只要通過一項公共建設計畫就有業績，也會產生出無數收取賄賂的機會。

現在既然怎樣都不能收賄，那也就沒人願意辛苦推動公共建設計畫了；畢竟在現今這種局勢下，倘若不是像矢板先生剛剛說的那樣明哲保身，就會變成做得愈多，愈會被人懷疑你是不是想收取賄賂。

矢板▽我們就以醫院的院長為例好了。在院長底下，一定有三、四個副院長；這些人都對院長寶座虎視眈眈，只要院長有什麼風吹草動，密告信馬上就會送到中紀委手上。因此，院長若是要購買高價的物品，馬上就會被調查。這種毫無意義的事情，正反覆不斷地發生。

總而言之，中國現在正在爆發集體卸責、集體放棄工作的狀況。不管市、縣、省，全都是一樣的狀況。

「誰都不收賄、誰都不辦事」的時代

石平▼反貪腐運動讓整個政治和經濟都失去了活力，唯一泰然自若、安坐寶座的，就只有習近平而已。反對意見完全無法上呈，在他周圍全都是一片歌頌、稱讚「習近平主席偉大」的聲浪。但反過來想，既然都走到這種地步了，那麼習近平的作法很有可能會縮短共產黨政權的壽命也說不定。

矢板▽確實打從兩、三年前開始，北京市的工商局原本是發放營業許可證給新設立企業的機構，但最近一年多，卻連一張許可都沒有發放。明明有很多新的申請湧入，但不發就是不發。

畢竟，萬一發行之後出了什麼問題，自己就必須擔起責任。對於不發行的事，他們硬是強辯說「沒有紙了」，總之就是不發。這樣下去，大家都不用做生意，或者只好鋌而走險，做起違法的生意了。然而，這和工商局沒有關係，而是必然會產生的問題。

石平▼結果遭到波及的，還是民間企業的經營者。在賄賂公行的時代，他們反而更容易做事。當要推動什麼計畫的時候，只要對相應位置上的幹部贈送足額的賄賂，問題就能馬上解決。可是，現在誰都不收賄賂，取而代之的是誰都不辦事。

矢板▽在習近平的第一任任期中，櫃台公務員的態度惡劣問題獲得了徹底的改善。在以前的中國，常見的情況是去銀行之類的地方辦事，但卻找不到人。

那些辦事員每周只上三天班，而且每次上班一定有一、兩個小時不知溜到哪裡去；不只如此，態度也很惡劣。還不只這樣，就算已經蓋章核准，還是要致贈一定程度的賄賂才行。這就是迄今為止中國公務員的樣貌。

「總是找不到人」、「態度惡劣」、「事情辦了半天，既沒進展也沒解決」，這些常見的抱怨，在習近平上台後獲得了徹底的改善，但結果呢？

現在早上過去，辦事員在上班時間一定都在位子上，而且也都會笑顏以待；但是，問題卻完全沒有解決，簡單說就是本末倒置了。

結果，大家都說，「以前那樣還比較好」。以前就算跑好幾次，只要行個賄，多少還能確切地蓋章核准；但現在，這樣的事卻變得完全不可能。

不相信任何人的習近平「烏托邦共產主義」

石平▼或許我這樣說會招致誤解，但不管是鄧小平的改革也好，還是江澤民的市場經濟時代、以及腐敗政治也好，在某種意義上都有符合人性的一面。

鄧小平的邏輯很簡單：只要是人，都會想吃好吃的東西，都會有想把肚子填飽的慾望。因此，只要滿足這種慾望、讓經濟不斷成長，那其他的事就一切都好談。

至於江澤民則沒有獨特的領袖魅力，為了讓幹部服從，他便擺出一副「你們可以適度腐敗，只要不反對我就行」的態度。

到了胡錦濤政權時代，腐敗則是肆意橫行，表面上擺出一副「反貪腐」的模樣，實際上卻不採取任何行動。於是，腐敗的情況變本加厲，官員為了收取賄賂，便使出各種旁門左道，花招百出。

那麼，現在的習近平政權又是如何呢？從他一連串的講話和發言來看，我可以說，那只是烏托邦式的共產主義、只是誰都不信任的精神論罷了。

若是確實遵照習近平思想，那麼共產黨幹部就必須從現在起就捨棄一切私利私欲，將人生的一切全都奉獻給共產黨的思想、理念，還有人民。但，這世上沒有這樣的笨人。毛澤東時代多少還有相信這套的幹部，也多少還有點這樣的風氣，現在則是誰也不信這套了。到底習近平打算怎麼收拾這個局面呢？

花費巨大成本的習近平恐怖政治

矢板▽毛澤東時代，中國人幾乎都遭到洗腦。之所以如此，最主要的原因是資訊無法流入。

儘管中國的經濟完全不行、人民也一貧如洗，但只要告訴他們說「其他國家更貧窮」，大家就會全盤相信。可是，在這個網路正值全盛期、往來海外也相當自由的時代，要再一次洗腦，怎麼想都實在很不可能。

於是，習近平現在只好廣推恐怖政治，若是稍有反對意見就會遭到逮捕，用這種強制性的手法來維持政權的平穩；可是，這種方法需要花上巨大成本。

值此時期，警察的示威抗議在中國境內到處爆發。在「薪水無法提高」、「退休金遭到中間剝削」等導致待遇不佳的原因下，我想這樣的抗議今後應該會迅速擴大吧！

不只警察，這兩、三年間，退伍軍人的抗議也持續不斷。他們的抗議也是要求改善待遇，而且已經成為社會的不安定要素。為了應付這種狀況，作為組織改革、結構改革的一環，國務院特別成立了新部門——國家退役軍人事務部。

退伍軍人抗議的場所是位於北京中心地帶的中央軍事委員會，對政府而言是很大的威脅。正因如此，他們才把負責部門由中央軍委會轉成國務院，讓國家退役軍人事務部來照料退役軍人。

然而，原本負責應付問題是中央軍委會，在中國共產黨的組織圖中處於相當高階的位置，如果連他們都沒辦法解決問題，那麼國務院就更不用說了。

2017 年 2 月，上萬名退伍老兵衝破地方官員阻撓聚集北京，在中紀委大樓與軍委大樓前集會請願。

石平▼結果，習近平選擇的道路，是像毛澤東一樣以強權壓制黨內、以強權壓制人民全體。如此一來，他就必須養軍、警、武警、網路監視等暴力機構的龐大人員。

今後，在經濟衰退、財政收入減少的情況下，習近平要繼續維持這種「一強體制」，會相當困難吧！以政治學的術語來說，就是統治成本過高。

於是，為了填補這些統治成本，政府只好對民間企業與外資企業撕破臉，進行剝削。可是，在這種掠奪下，民間企業的活力毫無疑問會被削弱，經濟的規模也會跟著日益萎縮。一旦經濟萎縮，又要維持強權體制，那麼掠奪就會變得更加厲害了。

產生既得利益，卻毫無意義的監視體制

矢板▽人類社會是極為複雜的，要是雇用大量監視人員，那會怎樣呢？答案是，這些人掌握了巨大的既得利益後，就會開始為非作歹。

比如我聽過的這個笑話：每當重要的黨大會或全人代舉辦時，北京地區的異議人士就會被公安局的人帶離北京一段時間。

這些人雖說是「異議人士」，但實際上也不過就是稍微批評一下政府的人

罷了。儘管如此，公安單位還是以「讓這些人留在北京，恐怕會接觸像矢板這樣的外國媒體人，對政府做出批判」為由，把他們帶出去；然而，這實際上不過是監視者找藉口，想要一起出外旅行罷了。

於是，跟這些既沒有犯罪、也沒有危險的人一起去觀光勝地度假，反而讓監視者都開心不已。

我認識一對異議人士夫妻，他們每到全人代期間就會被「邀請」到處去旅行。那時，公安會主動開口問：「你們想去哪裡？海南的三亞如何？」他們會回答：「好吧，沒辦法，那就去吧！」因為抵抗的話就會遭到逮捕，所以沒辦法，只好答應這種「旅行邀約」。

但明明是夫妻兩人出遊，身邊卻有五個公安人員隨行，請想像一下這樣的場景：當這對夫妻住在三亞的高級飯店時，隔壁房卻是負責監視的公安人員。當全人代結束後，兩人因為忙著回北京工作，便跟負責監視的公安商量說：「已經夠了吧？我們明天就想回北京。」結果監視者說：「真是頭大啊，我們原本還想再待一陣子的呢……這樣吧，我知道了，我派我們裡面最資淺的菜鳥帶你們回去，至於我們老資歷的再多待三天好了！」完全是出來遊山玩水嘛！

這對夫妻一直待在北京，原本也不會出什麼問題，但對監視人員來說，他們就是垂手可得的「利益」。第二年又換了一監視者，這批新人說，「那些傢伙去年去過了，今年該換別人去了！」這樣搞下去，有多少錢都不夠用。

他們用形形色色的理由為費用灌水、申報附加經費，然後毫無顧忌、隨心所欲地大筆花錢。這些費用，就這樣全都算進了中國的治安成本裡面。

要死一起死的政府與銀行

石平▼兩、三年前在中國盛行的理財商品和影子金融問題，曾經被歐美和日本媒體廣泛報導。

所謂「理財商品」，在中國是「個人取向資產運用商品」的總稱。簡單來說，就是包含一般國營商業銀行以外的信託公司和證券公司在內的非銀行金融機構（也就是影子銀行、影子金融的本體），從個人投資家那裡募集資金，投資在企業與不動產開發計畫上；它的利息很高，但完全不保證回收本金，因此是風險相當高的金融商品。

據統計，當時中國的影子金融總額，甚至高達三十兆人民幣。避險基金的巨頭喬治·索羅斯（George Soros）就說：「就金融當局監視不到這點來看，影子金融問題其實和次貸相當類似。」

可是到現在為止，我們還沒有聽說理財商品或是影子金融造成什麼樣的騷動。我想，它只是潛伏在水面下，至於狀況有多嚴峻，則仍然沒有改變。

矢板▽這種「嚴峻」是從歐美媒體開始瘋傳，之後日本媒體也加入報導的行列。我也在想，中國會不會爆發像是「雷曼兄弟案」這樣的風暴？

日本也有不良債權問題，最終拖垮日本債券銀行和日本長期信用銀行的案例存在。話雖如此，在民主國家的運轉機制中，政府是無法出手相助的；由於政府愛莫能助，最後只能放任它們垮台。可是中國的情況不一樣，不良債權不用找人商量，政府就會自動出手幫忙，所以不用擔心會一口氣爆發出來。

在中國，銀行與政府是「一體化」的，因此，要死的時候也會一起死。政府出手幫助銀行，確實會讓銀行不致垮台，可是人民對政府的信賴，現在正逐漸降低當中；等到將來政府的信用整個掃地的時候，恐怕會爆發出比「雷曼兄弟案」還要大上不知多少倍的嚴重危機。

石平▼現在中國政府的作法不是去化解這個問題，而是讓它不爆發。為了遏止它爆發，政府採取了各式各樣的措施，但這些措施反而讓問題變得更加嚴重。

不爆發還好，一旦爆發就會相當嚴重，而這樣的風險從今以後全都要由習近平背負，他的心腹完全沒有能力，因此什麼都做不了；但除了心腹以外，他誰都使喚不動。因此，他是沒辦法應對問題的，只能等著哪天出現掩蓋不住的紕漏。

在聯合國駐中國辦公室附近抗議的維吾爾人陳情者。2011 年 1 月 25 日，於北京。（矢板明夫攝影）

是在經濟上爆發，還是外貿上爆發？抑或是在內政上、在繼承人問題上爆發？習近平要拆的炸彈可說已經堆如一座小山高了。

第九章

習近平最大的賭注——吞併台灣

習近平重用心腹，獨裁體制危險之處

矢板▽今年（二〇一八年）三月，中國發表了經濟相關布局，負責經濟運作的是擔任副總理的劉鶴，也是習近平的心腹；至於總理李克強的身影，在這個大局中卻是漸漸變得模糊。

如前所述，李克強雖然是共產黨的第二號人物，但卻沒什麼事可做，而他本人也有意避開這些事情。

人民銀行總裁也由易綱取代周小川。在此之前，前總裁周小川的任期長達十五年，他雖然是江澤民派，但在政治立場上卻是個相當具有國際視野的人；某種程度上，他對人民幣的國際化也有相當大的貢獻。

至於新總裁易綱則是個沒什麼存在感的人，今後真能在人民幣問題上扮演好舵手的角色嗎？川普在成為總統之前就一再批評「人民幣是個大問題、中國是匯率操縱國」；今後當人民幣問題升溫的時候，單憑一個易綱總讓人放心不下。

石平▼李克強真的是無所事事，外交有習近平和王岐山，經濟有劉鶴和易綱。仔細想想，人民銀行的周小川前總裁任職十五年，確實很久。

矢板▽江澤民派的幹部幾乎都很優秀；在某種程度上，任期夠長也證明了周小川的優秀。從上海幫出身、崛起的江澤民，雖然常被狠狠批評為「淺碟」或「無能」，但江澤民時代的幹部最後卻支撐了中國整整三十年之久，他們的能力確實都相當強。

石平▼江澤民本人沒有什麼特別優秀的能力，但卻懂得善用人才。

現在習近平獨裁體制最大的問題，就是只會使用心腹。而且，這些心腹大多是些扶不上牆的爛泥；用這樣的傢伙來治理中國，簡直就是笑話。

矢板▽習近平心腹當中的一員，是比他年長三歲的栗戰書。習近平在二十五、六歲的時候曾擔任河北省正定縣的書記一職，栗戰書就是隔壁縣（無極縣）的書記。另一個心腹則是《人民日報》河北省石家莊的通訊部部員楊振武。當時這三個人幾乎每晚都聚在一起喝酒。由於當年是不情不願被放逐到鄉下，又和當時的上司不合，習近平的抱怨幾乎都被栗戰書和楊振武聽在耳裡。

當時的酒友栗戰書，如今已是政治局常委中位列第三的人物；至於楊振武，他做記者完全不行，但在習近平時代也不斷獲得拔擢，先是從《人民日報》總編輯升任社長，現在又擔任國務院秘書長。

為習近平的父親修墓，飛黃騰達的趙樂際

矢板▽還有就是政治局常委排名第六、原本不是

栗戰書（圖左）、楊振武（圖中）為習近平擔任河北省正定縣書記時結識的盟友，如今成為他的得意心腹。趙樂際（圖右）因主動修復習近平父親的陵墓而備受矚目。

習近平派的趙樂際。當趙樂際在習近平的故鄉陝西省掌政的時候，他將習近平的父親習仲勳的墓改造成巨大的「陵墓」。

按照規矩，中國共產黨的領導人在過世後都要葬進八寶山革命公墓。在這座公墓裡也有身分之差，習仲勳做到了副總理，理應葬入國家副領導人的墓區。但另一方面，還在世的習近平母親只是局長級，按理將來是無法合葬的。因此，在母親的反對下，習近平的父親並沒有葬入八寶山公墓，而是在陝西省另築墳墓。然而，問題就從這裡開始……

就在距今大約十年前，也就是趙樂際擔任陝西省委書記的時候，他把習仲勳的墓做了大改建。與墓園併設的習仲勳紀念館，面積大約七千平方公尺，加上周圍的專用道路與停車場等，則超過了兩萬平方公尺。這座墓園位在一片美麗的大自然中，南邊有小河流過，北邊則是群山聳立，是一座極具帝王格局的陵園。

然而，那時還是胡錦濤時代，習近平不過是個毫無實權的國家副主席。中國共產黨原則是禁止為領導者個人修築墓園的，更不用說是強制徵收周邊農地來蓋墓了。

當時，只要胡錦濤問上一句「為什麼要蓋這種東西」，那麼趙樂際恐怕就要失勢了吧！

簡單說，趙樂際就是明知凶險，卻還下定決心承擔這個風險。相當幸運的是，胡錦濤並沒有把這件事當成問題，就讓趙樂際一路順遂到了習近平時代。

結果，趙樂際就像乘火箭升空一樣，一路扶搖直上，現在還接下了王岐山升任副主席後所留下的位置——中央紀律委員會書記的寶座。他在黨內的排名雖然只是第六順位，實際上則堪稱是第二號人物。

趙樂際是石平先生的大學學長，也就是北京大學哲學系出身。用日本流行的話來說，他就是所謂「揣摩上意的高手」。

石平▼獨裁政治最大的陷阱就在這裡。毛澤東時代在文革以前，中國共產黨內還算是人才濟濟，但是到了文化大革命爆發後，就只剩下四人幫可以使喚，結果就是完全不行。

鄧小平厲害的地方就在於他不只善用心腹，還從各方面發掘人才，靈活熟稔地運用這些人，如此才得以開啟鄧小平的時代。

至於現在，習近平的做法是只相信心腹，也只能使喚心腹。真正能夠仰賴的只有王岐山一人而已，可是，王岐山也已經六十九歲，還能撐上幾年，誰也不知道。因此，習近平政治怎麼看都只是一種沒辦法為國家和人民帶來希望，屬於自閉式的政治類型。

毫無防諜法律與預算的日本

矢板▽我在《產經新聞》曾經寫過好幾次，從二〇一五年到二〇一七年間，在遼寧省、浙江省、北京市、上海市等地，有十二名日本人因「從事間諜活動」的罪名遭到拘禁，其中四人後來獲釋，剩下八人則被起訴。

按照迄今為止中國的判例，「外國間諜」可以處到十年以上的有期徒刑。可是，這八個人被逮捕的理由全都模糊不清，中國對家屬以及日本政府也幾乎沒做任何說明；因此，他們遭冤的可能性其實非常高。

相對於此，日本則堪稱是「間諜的天堂」。不管是間諜防治法或是其他類似的法案，日本完全沒有用以防範的法律。

外國的間諜組織全都在日本設有分部，並四處派遣人員進行活動。日本不只沒有間諜法，也沒有任何關於海外諜報活動的法規存在；換言之，就是沒辦法在海外派遣間諜反制。

就意義上來說，沒有法制就等於沒有預算。在沒有預算的情況下，會志願擔任間諜的人可說找不到半個。因此，日本人在海外是不太可能進行諜報活動的。

當然，日本也有公安調查廳和外事警察之類的組織，但這些組織的主要業務並非間諜活動，而是和某個人見面、然後聽取對方證詞之類的情蒐活動。被中國拘禁的日本人或許有包含跟這些組織相關的人士在內，但是從國際社會來看，怎樣都算不上是間諜。然而明知如此，中國卻還是拘禁日本人，然後透過媒體大肆宣傳，說在哪裡哪裡又發現了日本間諜。

換言之，日本派遣間諜這件事，在中國不斷進行中日戰爭歷史教育的同時，也正好落實了中方那套「日本至今仍虎視眈眈，意圖侵略中國」的邏輯。

不懂中文卻被當成間諜拘禁的日本人

矢板▽一度有六名社員遭到拘禁的公司，是位在千葉縣船橋市的溫泉探測調查公司。這六個人全都不會中文，就只是一群滿腦子想著溫泉的人而已。

最近中國觀光客蜂擁至日本，大量掃貨還泡溫泉。因為中國人很喜愛溫泉，所以中國方面有人就想著：「能不能在中國境內也開鑿溫泉呢？」但是因為中國自己沒有技術，所以才找了這些人過去。

受託探測溫泉而前來中國的日本人被當成間諜逮捕，用常識想，怎樣也不可能，簡直就是莫名其妙。直到現在仍有兩個人在拘禁中，而且已經變成了長期拘禁，時間長達一年之久。

在被拘禁的這八人當中，知名度最高的是二〇一六年七月遭拘禁的鈴木英司先生，他是日中友好團體「日中青年交流協會」理事長。中國治安當局對日方表示，鈴木先生是因為「參與危害中國國家安全活動」而遭到拘禁，但詳細的嫌疑事由則一切不明。

鈴木先生被拘禁的消息對日本的日中關係領域團體造成相當大衝擊。鈴木先生一向被中國看成是日中友好人士、還擔任「村山談話繼承發展會」的理事*，結果卻被中國當成間諜加以拘禁；導致此事件後，有不少日中關係人士因為害怕而不願前往中國，或是乾脆取消訪中。

滲透世界的洗腦教育機構——孔子學院

石平▼今後研究中國問題的學者，以及持續批判中國的媒體工作者，應該都會對中國敬而遠之吧！說到這裡，對於近來在美國引發話題的孔子學院，矢板先生有什麼樣的看法呢？

矢板▽這所學院在日本也設了很多點，據我所知就有立命館大學、櫻美林大學、工學院大學；另一方面，最近美國則是加強了對孔子學院行動的監視。

關於孔子學院為什麼會誕生，據我過去的調查，追本溯源其實是因為「天安門事件」後，中國的知識分子大量流亡海外之故。這些人因為流亡海外無所事事，於是就開設了中文教室，專門教導中文。而當時正好碰上中國經濟成長，世界上學中文的人日益增加，於是這些流亡海外的中國人就趁此良機，教中文的同時，也一併批評共產黨，以推廣民主化運動。

在這種情況下，海外學中文的人接觸到的大多是批判中國政府的聲音。中國政府當然深感危機，便創設了「孔子學院」這個海外發展機構來反制；他們和海外各大學合作，實施「由中國政府派遣的中國人來教導正確的中文，同時也教導有關共產黨的正確形象」這樣的計畫。

對海外的大學來說，這個計畫乍看之下堪稱經濟實惠；他們只要提供場地，中國政府就會出資派遣教師，學生也能夠向真正的中國人學中文，天底下沒有比這更好的事了。

問題是，如果只是教中文也就罷了，但他們卻假「宣傳中國文化」之名，在教材中摻入許多中國政府與中國共產黨的宣傳。

＊編注：「村山談話」是一九九五年由日本首相村山富市發表，旨在承認日本藉由殖民統治和侵略，對許多國家的人民造成重大傷害與痛苦，特別是亞洲國家。此談話受到中國方面的極度肯定，並多次宣傳。

為什麼這會成為問題呢？舉例來說，法國政府和西班牙政府都設有純屬民間機構的語言學校（法蘭西學會與塞萬提斯學院），獨立於大學運作之外，一切也都沒什麼問題。但是，在作為公眾教育機構、同時也是高中生必須經過入學考試才能入學的一般大學裡，設置中國政府的「洗腦教育」機構，實在是件相當詭異的事情，因此歐美也開始認真重視這個問題。

或許是尚未察覺到問題嚴重性吧，日本的大學還在用「我們有設孔子學院」來吸引學生。美國那邊則是已經漸漸強化監視，並且開始著手，要把孔子學院趕出校園。

石平▼既然叫做孔子學院，那有教導《論語》之類的內容嗎？

矢板▽不，完全沒有任何關係，只是借了孔子的名號而已。

綜觀中國歷史，登場的人物雖然多如過江之鯽，但具有正面形象的實際上卻找不到幾個。於是中國絞盡腦汁，最後才終於決定搬出孔子的名號。

不只如此，中國在二〇一〇年起為了對抗諾貝爾和平獎，每年都會在諾貝爾和平獎頒獎前一天頒發「孔子和平獎」；可是，每年的得獎者都是些奇怪的人物。前年（二〇一六年）得獎的是中國維和部隊陣亡的士兵，二〇一五年則連辛巴威的獨裁者穆加比都曾中選。

中國政府總是扛出孔子的名號，來做一些亂七八糟的事情。

石平▼話題回到孔子學院，每一間孔子學院都要扮演好「推廣習近平思想」的角色；用中國常用的術語來說，就是擔任「外宣」的一環。這次的國務院改革當中，外宣的強化也相當值得矚目。

三大媒體整合的意圖

矢板▽中國在今年（二〇一八年）三月十一日，發表了將宣傳機構置於政府控制下的結構改革。其中最令人驚訝的，就是對外的「中國中央電視台」（CCTV）、「中央人民廣播電台」（CNR）、「中國國際廣播電台」

（CRI），這三個中國的代表性媒體將要整合為一。換句話說，CCTV的名號將會消失，改變為統一的「中國之聲」。為什麼要這樣做呢？說到底，中央電視台和中央廣播電台其實一直處於競爭關係，兩者的記者爭相獲取獨家新聞，更為了搶頭香不斷產生爭執。

然而，這對政府而言實在不是件好事，所以為了消弭競爭，才要將它們統合為一，以「中國之聲」的形式對外傳達統一的意見。這是讓「共產黨的喉舌」名符其實地一體化，今後這種整合還會日益強化吧！

石平▼在中國境內，中國共產黨可以恣意推行其宣傳和洗腦活動，可是若在海外推行同樣的舉動，那就讓人有點恐懼了。在這裡，我想討論一點相關的事情。

習近平政權在大致鞏固國內權力基礎的同時，也打出「中華民族偉大復興」的口號，在南海設立軍事據點，並推展所謂「一帶一路」。

最近的《人民日報》寫到，習近平的思想必然會成為引導世界前進的指南針。雖然這毫無疑問是習近平的妄想，但看在矢板先生眼裡，習近平的基本外交戰略與國際戰略，又是怎樣一回事呢？

習近平思想恐怖的內涵

矢板▽所謂「習近平思想」幾乎沒有內容可言，只是強調「二〇五〇年要達成什麼目標」而已；比起思想，更接近於將「習近平自己想做的事」排列出來，因此實在不能稱之為「思想」。

儘管如此，我們從《人民日報》等官方媒體的大肆吹捧中可以發現，習近平想做的事，總體而言就是在二〇五〇年讓中國成為社會主義強國。其中的內涵是「實現中華民族偉大的復興」，讓中國人民解放軍成為世界一流的軍隊，同時展開大國外交。

令人恐懼的是，這個「成為社會主義強國」背後橫貫的主軸，就是中國保守派一直渴求的收復失土。仔細想想，強國畢竟不是自己說了算，如果不從外國收復領土，就不成個樣子，所以當然會想取回領土。

可是，對於究竟哪裡才算「失土」，他們的想法實在是無理取鬧。台灣當然算是失土；除此之外還有南海、尖閣（釣魚台），以及現在作為印度領土一部分的藏南地區，這些全都必須在二〇五〇年前取回才行，而這就是所謂習近平思想——「二〇五〇年成為社會主義強國」——的具體解釋。

習近平本人雖然沒有把它明寫出來，但據我詢問第一線的軍人，他們大致上都對這種說法抱持肯定的態度。這樣想來，二〇五〇年前，中國要是不對周邊地區展開相當程度的戰爭，是奪不回失地的。

要闻 2

习近平分别会见出席中非合作论坛约翰内斯堡峰会的部分非洲国家领导人

习近平会见莫桑比克总统纽西

习近平会见肯尼亚总统肯雅塔

2015 年 12 月的《人民日報》。在同一頁上刊載了如此多出席中非合作論壇的習近平照片，個人崇拜的宣傳意圖相當鮮明；但是不免給人一種好像在玩「猜猜看哪裡不一樣」的感覺。

擁有「經常惹事體質」的中國

矢板▽就像前面講到的，若是經濟無法成為支撐中國的梁柱，那就只能仰賴民族主義了。在民族主義下展開對外擴張、版圖擴大，讓人民心中充滿民族的驕傲感，除了仰賴這種方式維持政權外，別無他法。

從這層意義上來看，對外擴張可說是習近平宿命般的戰略。不只如此，他們還得像騎自行車一樣，不停踩動它的輪子向前奔馳。

綜觀習近平執政的這幾年，堪稱是世界的麻煩製造者。當他們在尖閣引發糾紛，造成日中關係險惡之際，美國的歐巴馬總統訪日，明白指出「尖閣屬於日美安保的適用範圍」。對於這件事，美國政府保持了三十多年的曖昧態度，但在這時終於給予日本一個明確的承諾。

正因為習近平是個相當亂來的人，美國才會認為要是不給日本一個承諾，恐怕會造成無法收拾的後果；因此在這方面，日本還真的非得感謝習近平不可。

此後，中國在尖閣方面稍微收斂了一點，但這次又在南海建立人工島，擺出一副無法無天的樣子；結果是菲律賓提起訴訟，讓他們在國際仲裁法庭上吃了一記敗仗。接著在印度國境上，他們又引發各式各樣的糾紛。

中國可以說是擁有「經常惹事」的體質，因此在這之後，他們搞不好又會在尖閣生出什麼事端。

煽動民族主義，只為了綁緊人民

石平▼正如矢板先生指出的，「收復失土」是重要的關鍵字。在這種邏輯下，中國非得對台灣展開戰爭不可，同時也得對日本、印度、菲律賓發動戰事。

習近平高唱的「中華民族偉大的復興」，除了恢復失土以外，還隱含了恢復失落「秩序」的涵義。所謂「秩序」涵蓋的範圍，比領土更加廣大；也就是除了過去中華帝國本身直接支配的領土以外，還要將霸權主義散布到更廣的範圍當中——換句話說，就是華夷秩序的恢復。

比方說，朝鮮半島雖然不是中國的領土，但在過去中華帝國的超然秩序下，它確實曾是中國的朝貢國與屬國；越南也是如此，沖繩／琉球王國更是如此。然而，中國自鴉片戰爭之後便失去了這一切。鴉片戰爭失去的不只是領土，同時也代表著以中國為頂點的華夷秩序、以及中國霸權的瓦解。

習近平的目標之一，就是矢板先生所指的「恢復失土」。但說起來，所謂「中國的領土」，其實有很多可議之處，比方說南海，再怎麼想都不是中國的領土。

台灣的定位又是另一個問題，但怎麼想都與中國無關。尖閣也是怎麼想都與中國毫無關係的島，但中國卻要堅稱它是「失土」。

說穿了，習近平渴望的是比中國宣稱的領土更大的範圍，簡單說就是控制整個亞洲。於是落入他視野內的不只是尖閣，包括沖繩、日本、菲律賓、越南，當然都是應由中國控制的更廣範圍。若是中國能在二〇五〇年達成習近平的這個目標，那我們就都得跪伏於以中國為頂點的華夷秩序，以身為習近平的家臣而活了。這是我最恐懼的事情。

還有另一點，就像矢板先生剛剛也指出的，中國的經濟今後將確實地陷入失速，因此習近平除了煽動民族主義來團結人民以外，再無他法。經濟愈是不振，人民就愈容易被對外侵略的衝動所驅策。

習近平為了克服國內矛盾，很有可能會發動對外戰爭；簡單說，他會透過有限度的對外戰爭，來化解人民的不平與不滿。

另外一點則是有關習近平個人的問題。習近平把自己的思想摻進黨的規範裡、也摻進憲法裡；在這一點上，他和毛澤東的做法完全一樣。但是在此同時，不管怎麼想，他都沒有任何耀眼的實績；因此在這方面，他不只連毛澤東的影子都跟不上，甚至也跟不上鄧小平的影子。

因此，習近平為了成為真正的偉大領導人，就非得想方設法，讓人民見識一下他的實績不可；然而，他在國內已經沒有任何可以創造實績的邊疆或領域了。

他不可能在國內再次像鄧小平這樣推動改革，也不可能像毛澤東一樣再造中國。結果，他能超越毛澤東和鄧小平的業績，就只有透過霸權主義，再次支配亞洲而已。這就是習近平政權的危險性。

習近平尊敬的歷代三位皇帝

矢板▽習近平上台之初，就打出了「中華民族偉大復興」的口號。所謂「復興」，意味著再度繁盛，也就是回到以往光榮的時代。他所謂的「以往光榮的時代」指的是三段明君治世，那就是漢武帝、唐太宗、還有清朝的康熙皇帝。

習近平最尊敬的就是這三位皇帝，這三個人都成功建立了朝貢外交、華夷秩序的體制。簡單說，習近平所期望的，就是回復到周邊各國帶著禮品前來中國，讓中國摸頭說「好乖好乖」這樣的秩序。

這就是他視為目標的「偉大的中國」，至於不認可這種秩序的國家，在他看來就是太不像話，為了復興應該壓制的國家。

說明白點，習近平的用意就是劍指台灣，畢竟，尖閣和南海實際上都是無人島。就算拿下這些無人島，也沒有什麼「光復」的真切感覺；如果他國在這些地方派兵，還有瞬間變成人質的危險。所以，雖然日本也有討論過要派遣公務員到尖閣，但派遣的瞬間也會變成人質，畢竟不知道對方什麼時候會打過來啊！假使在島上只放個十幾二十人的話，就會陷入自身難保的境地。

不只如此，因為美軍駐紮在沖繩，所以就算中國拿下尖閣，也很有可能瞬間被奪回，南海也是一樣的道理。

石平▼在這種情況下，拿下這些島嶼的意義究竟為何，實在搞不清楚。

中國合併台灣的劇本

矢板▽誠然如此。中國現在雖然是世界第二的經濟大國，但在尖閣周圍卻有著世界第一（美國）和世界第三（日本）的國家；與它們為敵，經濟上要付出的代價絕對不輕。

在南海，中國海軍依然不算太強。因為補給線太長，就算拿下幾個島，也沒辦法擴展到太遠的地方。印度也是如此；中國和印度之間聳立著喜馬拉雅山脈，就算拚命開拓道路，補給線還是太過漫長。

就這層意義上來看，台灣不只人口眾多，而且在台灣內部還有很多所謂「親中派的外省人」。特別是台灣的軍人，有很多都是外省第二、第三代；因此，對這些人來說，中國統一是很有魅力的指導方針。

現在中國也正操縱台灣的竹聯幫等外省幫派，以及台灣本土的幫派，進行各式各樣的活動。

作為中國奪取台灣的劇本，習近平徹底研究了俄羅斯在二〇一四年與烏克蘭爆發的克里米亞紛爭中，所採取的行動方式。他不只派遣專家前往俄羅斯，還針對俄羅斯如何併吞克里米亞的過程進行了詳細研究。

按照這種流程，侵略者初期不會採取武力侵略，而是發動網路恐攻、散布假新聞、利用各式各樣的地下工作讓敵方陷於混亂。以克里米亞的情況來說，就是先讓親俄派掀起動亂，然後奪取政權，接著在這一瞬間，俄羅斯便出兵支援。因此，我們可以說，中國為了將台灣置於實質支配下，必定會採取相當多地下性質的手段。

石平▼習近平在下次黨大會中，恐怕就要面臨最大的考驗。儘管他廢除了國家主席的任期，但要續任總書記，還是需要名分。在下屆黨大會到來的這五年間（二〇二二年），他必定會採取某種激烈的行動。

併吞台灣，才能超越毛澤東

矢板▽習近平在第一個任期的五年間，不斷推進反貪腐運動。可是，正如前面也講過的，反貪腐並不見得全然都帶來好的結果。根據國際社會的調查機構顯示，中國的貪汙排行確實下降了，但對於腐敗，說到底並非每個人民都有深刻感受。因此，接下來五年若只是繼續反貪腐，那是無法維持政權的，而且此舉對於經濟成長也是無益。

因此可以推測，習近平在走投無路的時候，腦袋裡一定會浮現併吞台灣的想法。

石平▼反過來說，如果習近平運氣夠好，真的讓他成功併吞台灣，那他的實績和歷史地位將遠遠超過毛澤東和鄧小平，成為絕對的偉大領導者。

矢板▽的確如此，而且習近平本人應該也是這麼想的。可是，萬一奪取台灣失敗的話……

石平▼那就一切都完了。對習近平來說，這是一場相當大的賭注。可是問題就在這裡，如果要用武力併吞台灣的話，難道不會引發嚴重的連鎖反應嗎？

矢板▽誠然如此。事實上現在台灣的軍隊人數大約是二十萬人，只有中國的十分之一左右，在戰力方面，中國強上許多。

假使美國不出手的話，中國一口氣發動攻勢，大概只需要二十四小時，甚至只要十二小時就能壓制台灣。在這種情況下，之後就能採取俄羅斯吞併克里米亞的方式——也就是下定決心、擺出「已經占領了，即使國際社會制裁也不退讓」的態度。他們很有可能就是抱持著這樣的邏輯。

石平▼不只如此，對習近平有利的是，不管美國或是日本，大抵都尊重所謂「一個中國」原則，而國際社會大多數的國家也都不承認台灣作為獨立國家的地位。在這種情況下，中國就算對台灣出手，也不算是侵略，聯合國也不會發動制裁——不，更正確說是發動不了，畢竟中國持有否決權。

矢板▽聯合國雖然無法發動制裁，但先進國家還是會集體發動經濟制裁。儘管如此，中國還是可以選擇無視。

石平▼因為中國在「天安門事件」中嘗到了甜頭，他們看準了先進國家的制裁只是擺擺樣子，不可能持續三年以上。但要是台灣被中國併吞，日本的戰略立場將完全崩潰，從而陷入嚴重的困境。

進攻台灣的時機

矢板▽可是，台灣和克里米亞之間有著重大的「差異」。基本上，克里米亞是親俄羅斯的居民占了壓倒性多數，因此就算和俄羅斯合併，民眾也不會爆發什麼叛亂，就算烏克蘭拚了命反對，也是無濟於事。

但是台灣的情況就不同了，台灣親中派的人是日益減少；根據民調顯示，反對台灣和中國統一的民眾占了九成，特別是年輕的台灣人，對於「台灣認同」早已深植心中，在他們心裡，並不存在台灣和中國兩者擇一的選項——他們覺得自己就是台灣人，台灣和中國是不同的存在。

無論如何，台灣都有賴於美國，但是川普的政策搖擺不定，讓人完全不知道他在想什麼。

石平▼中國恐怕對這點也心知肚明，因此他們若不採取什麼行動，台灣年輕人的意識只會漸漸遠離中國，而台灣認同也會日益加強。

矢板▽誠然如此。據說他們在二〇二〇年就會完成進攻台灣的準備，因此在二〇二〇到二〇二五年間，中國很有可能會對台灣採取某種行動，畢竟如果不在這時間動手，就會趕不及習近平的第三個任期，這點有很多人都曾經提及。

石平▼對習近平而言，台灣問題是讓自己任期無限延伸的一個好藉口。簡單說，為了徹底解決台灣問題，自己要再做一任。這是相當危險的。

事實上，當《台灣旅行法》通過後，《環球時報》就表示中國正在逐步思考武力統一台灣的劇本；然而，儘管他們照理說應該已經擬定了很多劇本，但實際會怎麼走，還是要看美國的態度。

為什麼不是中國軍隊，而是人民解放軍？

矢板▽在日本這裡，不管對中國在台灣問題上的野心也好、還是中國奪取台灣的意志也好，都不太感覺得到。

可是，在很久以前我跟某位中國軍方相關人士吃飯的時候，我問他說：「明明中國已經建國這麼久了，為什麼現在還要叫做『中國人民解放軍』？叫做『中國軍隊』不是比較好嗎？」結果他馬上回答我說：「因為中國還沒有完全解放，還有台灣這塊土地殘存著；直到台灣獲得解放為止，否則這個名稱都會一直持續下去。」解放軍心中的這種認知，老實說實在相當恐怖。

石平▼對習近平而言，一旦併入台灣，他所直接面臨的政治問題就能迎刃而解。當然，隨之產生的影響會非常大，但只要成功，就能一掃眼前面對的眾多政治難題。自己的功業、自己的絕對威信、以及克服國內經濟衰退等問題，全都能夠一掃而空，同時還能讓全體人民團結一致。

矢板▽有很多人認為，中國如果拿下台灣，下一個目標就是沖繩。在中方主導下，沖繩獨立派的相關人士被召喚到北京，舉行有關沖繩問題的座談會。

儘管如此，中國對沖繩並沒有領土的野心；中方只是主張沖繩不屬於日本的「沖繩地位未定論」，支持沖繩獨立而已。而沖繩一旦獨立，就會進入中國的朝貢外交圈當中，同時也能牽制日本。

石平▼確實如此。首先將沖繩從日本割離，然後將美軍趕出沖繩，讓沖繩重新回歸到中華秩序當中。但是，北京堂而皇之舉行「沖繩獨立座談會」，日本政府居然沒有抗議，這也太奇怪了。

矢板▽確實，從沖繩來了十多個學者，東京也有兩、三人與會，但中國方面卻出席了八十人，實在讓人有種「明明是別人國家的問題，你們集結這麼多人做什麼」的感覺。

石平▼他們做這種事，完全不會覺得自己有什麼問題。要是反過來，在東京舉辦有關台灣獨立問題的座談會，中國大使館的人一定馬上衝過來激烈抗議了。

今後的日本將會很艱苦，習近平出手的點，全都是針對日本的生命線；南海如此、台灣海峽如此、沖繩如此，尖閣當然也是如此。

接下來，我想談談對外關係。矢板先生是如何看待中俄關係的？

矢板▽基於「敵人的敵人就是朋友」這樣的立場，中俄雙方目前相互合作，但彼此其實抱持著深深的不信任。單就剛才提到的收復失土問題，中國就有很多土地被俄羅斯奪走，習近平當然不會放過這點。

表面上習近平頻繁與普丁見面，感情似乎也很好；但在習近平成長的青少年時代，中國最大的「假想敵」就是俄羅斯。從他一直受到的這種教育來看，習近平絕對無法抹滅對俄羅斯的不信任感。

石平▼普丁心裡最警戒的，一定也是中國。

和親中派邏輯反其道而行的習近平

矢板▽在日本媒體當中有一種論調主張，因為習近平的權力日益集中，所以跟他保持良好關係方為上策，但這實在是胡說八道；跟這種獨裁者握手言笑，本身就絕不是什麼好事。若是這樣搞的話，將來中國實現民主化的時候，中國民眾一定會徹底懷疑日本的。

日本作為民主國家，不只應該堅守自己的價值觀，還必須堅持自己的腳步。當然，在考量國家利益的同時，必然會有很多是是非非必須處理，但是和習近平保持良好關係，對日本而言絕非好事。

石平▼相反地，日本今後最大的威脅與敵人，就是習近平。就像我一再提及的，習近平出手的點，全都是日本的生命線。

因此，習近平的崛起對日本而言，和一九三〇年代英法面對希特勒的崛起，其實在意義上是很接近的，我們應該要有這樣的認知才對。

矢板▽台灣在戰後一直持續獨裁政治，直到一九八七年才解除戒嚴令。接著政權從蔣經國轉移到李登輝，一口氣加速朝民主化前進。

至於中國，在江澤民、胡錦濤時代，國際社會對中國也有這樣的期待。二〇〇七年我在北京擔任特派員，當時還是胡錦濤時代；那時候我回到日本，偶爾會進行演講。

當然我在演講中會批判到中國，那時日本的親中派就會試圖用以下的論點反駁我：「你所說有關中國的惡劣之處，我們全都理解；但是，你會不會太不給中國時間了。中國從文化大革命到胡錦濤時代，不是多少變得愈來愈好了嗎？再稍等一下，說不定他們就能實現民主化了啊！」

不只是日本，歐洲、美國、台灣、香港的親中派，拿出的都是這套論述。但是到了習近平時代，他們就完全不再提及這種邏輯了。簡單說，給中國時間，情況卻反而日益惡化，現在更朝著民主化的反方向猛烈加速，已經回不去民主化的道路了。

石平▼習近平的所作所為，已經徹底摧毀了民主化的一切可能性。

尾聲

「黑暗中國」也存在於日本

在本書裡，前半部的對談是我和矢板明夫先生對自己成長的中國生活所進行的回顧，從開始懂事的少年時代，一直到青春時代。

我的少年時代和毛澤東晚年的文化大革命時期大致重疊，而矢板先生的少年時代也有部分處於文革時期的最高峰。對我們人生影響最大的時期，毫無疑問就是文革時期，而這段時期也正是「中國歷史上最黑暗的時代」。

在文革這十年間，有數以億計的人民遭到各種形式的政治迫害；在這當中，有高達數千萬人被殺或被迫自殺；不只是無辜生命的殞落，就連文化和文明都遭到無情破壞，經濟瀕臨崩潰，人民被迫過著極度貧窮的生活。現在回想起來，文革那十年的確是中國歷史上不多見、真正悽慘的黑暗時代，也是全體中國人民處於地獄的時代。

但相當不可思議的是，對實際生長在黑暗時代的我們來說，當時絕對不是什麼黑暗時代，反而充滿了光明與幸福。雖然聽起來很像在說謊，但就像本書書名《曾經以為中國最幸福》所標示，我們是真的打從心底相信，那個地獄般的國家是「世界上最幸福的國度」。

明明身在地獄最底層，為什麼還會相信那是幸福的國度呢？現代的日本人絕對無法理解，但理由其實很簡單──在外部資訊完全被隔斷的情況下，從學校老師到廣播電台的播報員，所有的大人每天都這樣教導我們：

「偉大的祖國中國，是世界上最幸福的國家；你們是生活在最幸福的時代、最幸福的國家當中。」

教科書和報紙也說著同樣的話。政府透過各種刊物，日復一日對我們洗腦。於是不知不覺間，這種世界觀就在自己的心裡扎下了根，變成確信不移的真理。明明是徹頭徹尾的謊言，我們卻把它當成真實，還為此深信不疑。

從這點來看，極權主義進行的洗腦工作有多恐怖，可謂不言而喻。若是能將真實世界的資訊完全切斷，那麼，透過謊言來構築一個幻想的世界，並讓人們深信不疑，就不是一件多困難的事了。而一旦人們相信了這種幻想，那麼謊言與幻想的世界最後就會變成我們生存的「真實」。反過來說，要是不把謊言與幻想變成「真實」，那麼人們就會發現自己是活在幾乎無法生存的嚴酷現實當中。

可是，若再仔細深思，我們會發現這種現象並不只是中國這種極權主義國家的專利；事實上，我和矢板先生如今賴以生存的民主國家日本，也有類似的情況正在發生。

比方說，有關北韓領導人金正恩的報導就是如此。直到不久之前為止，談到金正恩，都還是那個「砲決」自己姨丈、暗殺自己兄長的冷酷獨裁者，而這也是不爭的事實。但是，自從先前他在板門店進行南北高峰會之後，這個冷酷獨裁者便搖身一變，成為露出柔和笑容、高談「融合」與「和平」美麗詞句的人物。這樣的影像透過電視傳播到世界各地，從而讓日本的部分媒體以及各電視台裡擔任評論員的部分「有識之士」，紛紛表示「感動至極」，同時稱譽金正恩是「讓人抱持好感的冷靜領導人」。結果，受到媒體影響，大多數日本人民心裡記憶的金正恩形象，也從「冷酷的獨裁者」一變成為「溫柔的好青年」，從「戰爭狂人」一變成為「和平的使者」。

換句話說，我和矢板先生少年時曾經體驗過的中國共產黨恐怖洗腦，實際上也存在於民主社會的日本，只不過改頭換面，融入了日常生活中。因此，我們在本書提及的眾多事實，對現代的日本人而言，其實並不是另一個世界的古老童話，而是每天在現今日本不斷上演的事實。

本書主要的目的，是要向各位（日本）讀者傳達你所不知道的中國真實；但，我們還有另一點想傳達的，那就是透過提出「中國令人恐懼的真實」這個極端的實例，能讓日本人民直視現今日本洗腦下的現狀，從而促進眾人反省，不致陷入極權主義的陷阱中。若本書能扮演起這種角色，則實為幸甚。

最後，原本就是日本人的矢板先生，與現在成為日本人的我，由衷祈願日本這個穩定而美麗的國度，不會經歷到我們曾經體驗過的「黑暗中國」，能夠持續這樣的耀眼光明，直到永遠。

平成三十年五月吉日

於奈良西大寺附近極樂庵　石平

曾經以為中國最幸福

私たちは中国が世界で一番幸せな国だと思っていた

作者　矢板明夫、石平
譯者　鄭天恩

總編輯　富察
責任編輯　洪源鴻
企劃　蔡慧華
封面設計　許紘維
排版　宸遠彩藝

社長　郭重興
發行人　曾大福
出版發行　八旗文化／遠足文化事業股份有限公司
地址　新北市新店區民權路 108-2 號 9 樓
電話　〇二～二二一八～一四一七
傳真　〇二～八六六七～一〇六五
客服專線　〇八〇〇～二二一～〇二九
信箱　gusa0601@gmail.com
臉書　facebook.com/gusapublishing
部落格　gusapublishing.blogspot.com
法律顧問　華洋法律事務所／蘇文生律師
印刷　成陽印刷股份有限公司

出版日期　二〇二〇年十月（初版一刷）
二〇二三年五月（初版六刷）
定價　三六〇元整

曾經以為中國最幸福
矢板明夫、石平著／鄭天恩譯／新北市／
八旗文化出版／遠足文化發行／2020.10
譯自：私たちは中国が世界で一番幸せな
国だと思っていた
ISBN 978-986-5524-28-9（平裝）

一、矢板明夫　二、石平　三、回憶錄

783.11
109013862